Eknath Easwaran

Wer sich ändert, ändert die Welt

Aus dem Englischen
von Frank Fiedeler

Integral

Die Originalausgabe erschien unter dem Titel
«Your Life Is Your Message» bei Hyperion,
USA und Kanada.

Erste Auflage 1998

Einbandgestaltung: Zembsch' Werkstatt

Inhalt

Einmal, als Mahatma Gandhis Zug langsam aus dem Bahnhof fuhr, lief ihm ein europäischer Reporter bis zu seinem Abteilfenster nach. «Haben Sie eine Botschaft, die ich für mein Volk mit nach Hause nehmen kann?» fragte er. Es war Gandhis Tag der Stille, eine unverzichtbare Pause in seinem anstrengenden Terminkalender voller Reden, und so antwortete er nicht. Statt dessen kritzelte er ein paar Worte auf einen Papierfetzen und reichte ihn dem Reporter: «Mein Leben ist meine Botschaft.»

Dein Leben ist deine Botschaft

Ökobiologen nennen den Elefanten eine «Schlußstein»-Spezies. Genau wie ein Gewölbebogen nicht ohne seinen Schlußstein stehen kann, wären viele andere Tierarten und manchmal sogar ganze Ökosysteme ohne den Elefanten verloren. Die Futtersuche des Elefanten verwandelt die afrikanische Savanne in eine Mischung aus Wald und Steppe, welche sie für viele andere Geschöpfe wie Zebra, Giraffe oder Pavian bewohnbar macht. In trockeneren Klimazonen versorgt er nicht nur sich selbst, sondern auch all die anderen Tiere mit Wasser, indem er neue Wasserlöcher entstehen läßt und sogar Brunnen gräbt. Durch den Elefanten, ein riesiges, hungriges, doch sanftes Tier, gedeiht das ganze Ökosystem.

Ich glaube, daß uns Menschen keine geringere Rolle zugedacht ist. Aufgrund unserer intellektuellen Fähigkeiten und unserer Technologie hat die menschliche Gesellschaft die Stellung des Schlußsteines in dem umfassenden, fein ausbalancierten Gewölbe der Natur eingenommen. Wie die Elefanten im Wald beeinflußt unser Leben all die anderen Geschöpfe, Pflanzen und Elemente rings um uns. Sie sind alle auf unsere Unterstützung und unseren Schutz angewiesen.

In mancher Hinsicht ist unser Einfluß zur Zeit alles andere als zuträglich. Anstatt alle übrigen Geschöpfe zu unterstützen, scheinen sich die Menschen oft nicht um deren Bedürfnisse zu kümmern. Wissenschaftler warnen uns, daß viele unserer gesellschaftlichen und wirtschaftlichen Aktivitäten nicht nur die Ausrottung anderer Gattungen bewirken, sondern auch das Wasser, den Boden und die Atmosphäre zu vergiften drohen, von denen auch unser eigenes Leben abhängt. Wir scheinen sogar Schwierigkeiten zu haben, für unsere eigene Spezies zu sorgen. Die Unruhe und die Entfremdung unserer Innenstädte, die Zunahme von Armut und Obdachlosigkeit, der Drogenmißbrauch und die hohe Selbstmordrate unter Jugendlichen, all dies deutet darauf hin, daß es uns an der Weisheit mangelt, uns selbst zu schützen, geschweige denn den Rest der Natur.

Doch in einem anderen Sinn bietet unsere moderne Zeit eine große Verheißung. Überall auf der Welt – selbst in den Ländern, die in furchtbarer Weise von Armut, Bürgerkrieg oder Umweltverschmutzung heimgesucht werden – sind viele nachdenkliche Menschen auf der Suche nach einer neuen Lebensweise; gemeinsam stellen sie sich die Frage, wie sie in Harmonie miteinander und mit der Erde leben können. Ihre Anstrengungen erscheinen zwar selten in den Schlagzeilen, haben jedoch die allergrößte Bedeutung für die Menschheit. Manchmal nennen sich diese Menschen Friedensarbeiter, bei anderen Gelegenheiten Umweltschützer, aber meistens arbeiten sie in bescheidener Anonymität. Still und fast unmerklich ändern sie die Welt, indem sie sich selbst ändern.

Der Zweck dieses Buches ist es, diese Menschen und die Veränderungen, an denen sie arbeiten, zu ermutigen. Ich hoffe, damit das gewaltige Potential solcher «ungeheuren Geringfügigkeiten» zu fördern – um G. K. Chestertons Ausdruck zu gebrauchen –, und werde einige praktische Anregungen geben, um solche Veränderungen befriedigender und wirksamer zu gestalten.

Durch eine solche unaufdringliche, fast unhörbare Arbeit können die Veränderungen, die wir in der Welt rings um uns gerne sehen würden, sofort in unserem eigenen Leben stattfinden, so daß wir sicherer und zufriedener werden und effektiver arbeiten. Jeder von uns hat die Fähigkeit, ein kleiner Schlußstein zu werden und überall als heilende und schützende Kraft zu wirken: in der Familie, im Freundeskreis, bei der Arbeit, in der Gemeinde und in der Umwelt.

Verglichen mit der Art von Krisen, über die wir in den Schlagzeilen lesen, können solche kleinen Veränderungen schmerzlich gering erscheinen. Meine persönlichen Erfahrungen haben mich jedoch davon überzeugt, daß es kein mächtigeres Instrument der Veränderung gibt als das gut gelebte Leben. Ich hatte das Privileg, im Indien Mahatma Gandhis aufzuwachsen; ich ging den Weg, den er beschritt, studierte sein Leben und versuchte, nach seinem Vorbild zu leben. Ich bin mir sicher, daß sein einfaches, mitfühlendes Leben mehr zum Wohl der Menschheit beigetragen hat als all die Reden und Strategien, die sich Politiker in diesem Jahrhundert ausgedacht haben – wie wortgewandt und wie wohlmeinend sie auch waren.

Einmal, als Mahatma Gandhis Zug langsam aus dem Bahnhof fuhr, lief ihm ein europäischer Reporter bis zu seinem Abteilfenster nach. «Haben Sie eine Botschaft, die ich für mein Volk mit nach Hause nehmen kann?» fragte er. Es war Gandhis Tag der Stille, eine unverzichtbare Pause in seinem anstrengenden Terminkalender voller Reden, und so antwortete er nicht. Statt dessen kritzelte er ein paar Worte auf einen Papierfetzen und reichte ihn dem Reporter: «Mein Leben ist meine Botschaft.»

Dies ist die Botschaft, auf die alle unsere Kinder warten und hoffen. Die Aussicht, in den kommenden Jahrzehnten unseren Planeten mit seinen Schulden, seinen nationalen Gegensätzen und seiner geschädigten Umwelt zu erben, ist entmutigend. Was Jugendliche oft durch Zorn und Rebellion auszudrücken versuchen, ist das Bedürfnis, geliebt zu werden – nicht Worte oder Geschenke sollen ihnen das zeigen, sondern unser persönliches Beispiel. «Laß Blumen sprechen» ist nicht genug. Wir müssen unser Leben sprechen lassen. Wie anders werden sie erkennen, daß es möglich ist, miteinander und mit der Erde in Harmonie zu leben?

Zusammengenommen summieren sich diese kleinen täglichen Anstrengungen zu einer äußerst machtvollen Kraft, die sich später zu einer spirituellen Revolution entwickeln wird und ein solides Fundament für jene politischen, ökonomischen und ökologischen Verbesserungen schaffen kann, die wir dringend durchführen müssen.

In den vergangenen zwei Jahrhunderten hat die Welt mehrere Revolutionen erlebt. Einige von ihnen haben wohltuende Veränderungen gebracht, andere nur Leiden, aber ich wage zu behaupten, daß keine von ihnen uns den Frieden gebracht hat, nach dem unsere Seelen hungern, oder gar die Liebe, nach der unsere Herzen dürsten. Ich glaube nicht, daß irgendeine politische oder wirtschaftliche Strategie – wie neu oder wie brillant auch immer – ohne ein solches spirituelles Fundament die schreiende Not der Menschheit beseitigen oder die Erde vor dem Druck schützen kann, den solche Not auf sie ausübt.

Was ich meine, geht durchaus über das hinaus, was wir normalerweise als gesellschaftlichen Wandel bezeichnen. Ich habe den tiefsten Respekt vor all jenen, die selbstlos arbeiten, um der Welt zu dienen. Doch der Ansatz vieler der sogenannten «Reformer», die ich sowohl in Indien als auch in diesem Land gesehen habe, ist nicht gerade vielversprechend. Sie schauen herunter von der Seifenkiste oder Kanzel und sagen: «Laß mich dich reformieren, Diane, und dich, Steve, und natürlich dich, Bob.»

Wenn Bob sagt: «Wie wäre es mit dir?», antworten sie: «Oh, das kann warten. Laß mich mit Diane, Steve und dir anfangen.»

Dies ist ein vertrauter Refrain in der internationalen Politik, Wirtschaft, Entwicklungshilfe und sogar in der Erziehung. Aber die großen spirituellen Lehrer aller Religionen – Frauen und Männer, die ihr Leben der Kunst, in vollendeter Harmonie zu leben, gewidmet haben, wie Franz von Assisi, Theresa von Avila, der Mitfühlende Buddha und Mahatma Gandhi – sagen: «O nein! Fang bei dir selbst an!» Denn anderen Menschen zu predigen oder sie belehren zu wollen führt nicht zum Ziel. Der einzige Weg, Menschen zum Besseren zu beeinflussen, ist Ihr persönliches Beispiel, ob es sich nun um Ihre Familie, Ihre Freunde, Ihren Verein, Ihre Kollegen, Ihre Klinik oder sogar Ihre Feinde handelt. Harmonie mit der Umwelt – die Linderung unserer Umweltkrise – und Harmonie mit anderen Menschen – die Lösung unserer gesellschaftlichen, politischen und wirtschaftlichen Probleme – beginnen beide mit einer dritten Harmonie: Harmonie mit uns selbst.

Menschen empfangen unbewußt eine bedeutsame Botschaft, wenn sie einen Mann sehen, der in Frieden mit sich selbst lebt, oder eine Frau, die ihr Glück darin findet, das Leben für die Gemeinschaft ein wenig besser zu machen. Es findet derselbe geistige Prozeß statt, den sich die Werbung mit ihren Reklametafeln am Straßenrand zunutze macht. Während Sie eine Straße entlang fahren, nehmen Sie die Werbeplakate nicht bewußt wahr, dennoch sickert ihre Botschaft in Ihr Unterbewußtsein und beeinflußt Sie beim nächsten Einkauf.

Wenn Sie mit Freude zu leben verstehen und Ihre Zeit und Energie dafür verwenden, die Lebensqualität aller Menschen zu verbessern, werden Sie nicht nur Ihrer eigenen höchsten Bestimmung gerecht, sondern helfen in ähnlicher Weise auch allen Menschen in Ihrer Umgebung, ihre höchste Menschlichkeit zu entwickeln. Dieses Buch führt die Herausforderungen vor Augen, die ein solches Leben stellt; wie Sie sehen werden, ist es kein einfacher Weg. Selbsttransformation ist mühsame Arbeit – vor allem am Anfang, aber jede winzige Veränderung bringt das freudige Bewußtsein mit sich, daß Ihr Leben allmählich zu einer Kraft des friedlichen Wandels wird.

Nichts ist heutzutage wichtiger. Viel Mühe wird darauf verwendet, nach Ersatz für umweltschädliche Produkte zu suchen, wie beispielsweise die Fluorchlorkohlenwasserstoffe, die die Ozonschicht schädigen, oder die Chemikalien, die unser Grundwasser verseuchen. Was wir aber ebenso dringend brauchen, ist ein Ersatz für den wahren Schuldigen: eine Lebensweise, die ständig wachsende Mengen von materiellen Ressourcen erfordert und Menschen immer weniger zufriedenstellt. Um sie zu ersetzen, brauchen wir mehr als nur einen Plan für sparsamen Energieverbrauch oder die Konstruktion von solargetriebenen Autos, obgleich diese immer willkommen sind. Wir müssen zu einer Lebensweise finden, die mehr gibt, als sie nimmt, und die unsere Umwelt eher fördert als ausbeutet und verschmutzt. Während die Chemiker nach Ersatzstoffen für FCKW suchen und die Ingenieure sich um die Wirtschaftlichkeit von Sonnen- und Windenergie bemühen, verlangt die Umweltkrise von uns allen, eine noch wichtigere Suche in Angriff zu nehmen: die Suche nach einer voll und ganz befriedigenden Lebensweise, die nicht auf der Ausbeutung der äußeren Umwelt gründet, sondern auf der vollkommenen Ausschöpfung der Reichtümer in uns – auf den Edelmut, das Mitgefühl und die Sehnsucht nach Frieden, die in jedem Herzen verborgen sind. Das ist keine Arbeit, die gemeinnützige Vereine und Regierungen für uns tun können; jeder von uns muß sie selbst tun.

Aber wir müssen sie nicht allein tun. Meine Großmutter, die meine spirituelle Lehrerin war, erinnerte mich immer an den Tamarindenbaum, um die Macht gewöhnlicher Menschen zu veranschaulichen. Die Tamarinde ist ein großer Baum mit sehr kleinen, dünnen Blättern. Die Blätter sind so zahlreich und so dicht gepackt, daß sie uns vor der tropischen Sonne ebenso schützen, als wenn sie ein einziges großes Zeltdach wären. «Kleine Leuchte, du brauchst nicht nach großen Leuten zu suchen», pflegte meine Großmutter mir zu sagen. «Suche nach kleinen Leuten gleich dir selbst, und dann tu dich mit ihnen zusammen und arbeite gemeinsam in Harmonie.»

Lassen Sie sich daher nicht durch Stellung, Macht oder Reichtum einschüchtern. Wenn kleine Leute wie Sie und ich zusammenarbeiten, können wir eine Menge tun, um die Welt zu verändern.

Wie man dieses Buch liest

Dieses Buch ist als ein Begleiter für den Weg der Selbsttransformation gedacht, auf dem Sie nach und nach lernen werden, in Harmonie mit sich selbst, mit den Menschen in Ihrer Umgebung und mit der Erde zu leben. Mit diesem schmalen Bändchen möchte ich Einblicke in eine Lebensweise geben, die sowohl innerlich erfüllend als auch äußerlich nutzbringend ist. Lesen Sie die kurzen Texte entweder der Reihe nach oder in jeder beliebigen Reihenfolge, die Ihren Bedürfnissen entspricht. Kommen Sie darauf zurück, so oft Sie es wünschen. Wie Blumensamen, die ihre Schönheit erst offenbaren, wenn sie eingepflanzt und gegossen werden, werden die einfachen, aber tiefgründigen Wahrheiten des großen spirituellen Erbes der Welt ihre verwandelnde Kraft erst enthüllen, wenn Sie sie durch tiefe Konzentration und Reflexion in Ihr Herz pflanzen.

Aus diesem Grund beziehe ich mich oft auf ein einfaches Acht-Punkte-Programm des spirituellen Wachstums, an dem ich mich selbst orientiere und das ich mehr als dreißig Jahre lang gelehrt habe. Die acht täglichen Übungen, die es umfaßt, sind ein Destillat aus der manchmal als *philosophia perennis* bezeichneten mystischen Tradition, die ihren Ausdruck in den Traditionen aller Weltreligionen gefunden hat: im Hinduismus, Jainismus und Buddhismus ebenso wie im Islam, Zoroastrismus, Judentum und Christentum. Sie verkörpern jahrtausendealte Erfahrung in der Kunst, spirituelle Weisheit zu erlangen und sie zu einem wesentlichen Bestandteil des täglichen Lebens zu machen.

In meinem Acht-Punkte-Programm habe ich diese traditionellen Übungen den Bedürfnissen und Möglichkeiten eines aktiven modernen Lebens angepaßt. Sie können von allen praktiziert werden, die ihr Leben bereichern wollen, indem sie ihre im verborgenen schlummernden Reserven an Kreativität und Mitgefühl aktivieren. Das Programm setzt keinen speziellen religiösen Glauben voraus und läßt sich problemlos mit Ihren eigenen religiösen Überzeugungen vereinbaren. Es kann sogar praktiziert werden, wenn Sie gegen alle religiösen Dogmen allergisch sind.

Dieses Buch enthält grundlegende Instruktionen zu den acht Punkten, die ich in meinen anderen Büchern ausführlich behandelt habe. Eine Liste der acht Punkte und einen Index dazu finden Sie auf Seite 205.

Teil I

In Harmonie mit sich selbst leben

Sich häuten

In Kerala, meiner südindischen Heimat, erstrecken sich während der Monsunzeit die Reisfelder wie ein endloser Smaragdteppich gegen den Horizont. Es ist eine Zeit großen Wachstums und großer Freude für alle Geschöpfe. Als kleiner Junge pflegte ich neben meiner spirituellen Lehrerin, der Mutter meiner Mutter, über jene Reisfelder zu unserem Ahnentempel zu gehen.

Auf unserem Weg dorthin erspähte ich oft die abgeworfene Haut einer Schlange, die wie ein Spitzenband neben dem Pfad lag. Eines Tages fragte ich meine Großmutter: «Warum müssen diese Schlangen ihre Haut verlieren?» Ihre Antwort war voller Weisheit. Heute ist mir klar, daß sie von mehr als nur von Schlangen sprach. «Wenn Schlangen nicht ihre Haut abwerfen», antwortete sie, «können sie nicht wachsen. Sie werden in ihrer alten Haut ersticken.» Ich erinnere mich oft an ihre Worte. Wir Menschen müssen ebenfalls wachsen. Die ausgeprägte Rastlosigkeit unserer jungen Leute, die Unzufriedenheit und die Trauer über den verlorenen Idealismus, die so viel ältere Menschen heimsuchen – das alles sind Zeichen dafür, daß unsere Gesellschaft reif ist, eine ausgediente Lebenshaltung abzuwerfen und die Frage, was wir sind und was wir werden können, neu zu beantworten. Ich weiß das Engagement von Regierungen, Bürgerinitiativen und manchen Organisationen zu schätzen, die sich dafür einsetzen, unsere ökologischen und sozialen Probleme zu lösen. Doch die Lösung liegt letztlich in Ihren und meinen Händen: Welche Vorstellung haben wir von uns selbst? Was ist der Sinn unseres Lebens?

Indem wir versuchen, solche Fragen aus unserer eigenen Erfahrung zu beantworten, werden wir die Fundamente für eine wirklich tragfähige Gesellschaft legen.

Der Arme wird zum Fürsten

Ähnlich wie die Dritte Welt nach Nahrung, Kleidung und medizinischer Versorgung hungert, ist in den fortgeschrittenen westlichen Ländern wie dem unseren ein nagender Hunger nach Erfüllung zu spüren, der nicht durch Besitztümer, Macht oder Ansehen gestillt wird. In jedem von uns ist ein unleugbares Verlangen nach einer Freude, die nicht willkürlich kommt und geht; nach einem Gefühl von Sinn; und nach dem Wissen, wer wir sind. Der Mitfühlende Buddha würde sagen, daß wir alle unter der Oberfläche des Bewußtseins von diesem Hunger geplagt werden. Ohne eine Möglichkeit, unter die Oberfläche zu tauchen und die Fragen «Wer bin ich?» und «Wo kann ich eine Freude finden, die andauert?» zu beantworten, werden wir niemals ganz zufrieden sein.

Doch es ist möglich, uns langsam, aber sicher in die Tiefen des Unbewußten zu begeben und dort unsere Persönlichkeit umzuwandeln. Wir können tatsächlich eine neue Person aus uns machen; wir können die Person werden, die wir zu sein erträumen. Meister Eckhart nennt dies: «Der Arme wird zum Fürsten.»

Patanjali, ein Meditationslehrer im alten Indien, nannte die Meditation *Raja Yoga*. *Raja* bedeutet natürlich «König»; und so umfaßt *Raja Yoga* jene Disziplinen, die uns in allen großen Religionen überliefert worden sind. Sie erheben Männer und Frauen, die als einfache Leute geboren werden, zu königlichen Personen, mit einer Krone auf ihrem Kopf und einem Zepter in der Hand. Wenn man sie fragt: «Was ist dein Königreich?», werden sie mit ruhiger, unerschütterlicher Zuversicht antworten: «Wir regieren das Land unseres Geistes und das Königreich unseres Lebens.» George Bernard Shaw drückte es in seiner unnachahmlichen Art aus: «In der Hölle zu sein heißt getrieben werden; im Himmel zu sein heißt steuern.» Solange wir nicht ein gewisses Maß an Souveränität über unseren Denkprozeß haben, wird dauerhafte Erfüllung außerhalb unserer Reichweite bleiben.

Der kleine Moschushirsch

In der indischen Tradition erzählt man sich eine Geschichte, die die spirituelle Suche sehr gut beschreibt. Sie handelt vom Moschushirsch, einem sanften Geschöpf, das auf den unteren Hängen des Himalaya zu Hause ist. Eines Tages – so erzählt man – ging ein kleiner Moschushirsch zu seiner Moschushirsch-Großmama. «Oma», sagte er, «ich rieche einen durchdringenden Geruch. Was ist das? Wo kommt es her?» «Warum gehst du nicht los und riechst an den Tieren im Wald, um zu sehen, ob es von einem von ihnen kommt», sagte seine Großmutter. So ging der Moschushirsch zum Löwen, roch an ihm und erklärte: «Nein, es ist nicht der Löwe.» Dann ging er zum Tiger und war sich sicher: «O nein, es ist entschieden nicht der Tiger.» Dann der Affe, dann der Bär, dann der Elefant; nacheinander ging er zu allen Tieren im Wald und kehrte schließlich recht verblüfft zu seiner Großmutter zurück. «Ich war bei jedem Tier des Waldes», sagte er, «und keines von ihnen hat diesen Geruch.» Die Großmama lächelte nur weise und sagte: «Dann rieche hier an deinem eigenen Huf.» Der Moschushirsch hob seinen Huf, roch daran, und stieß einen Freudenschrei aus. «Es kommt von mir», rief er. «Es kommt von mir! Es kommt von mir!»

Aus dem Acht-Punkte-Programm:

Meditation

Das Herzstück meines Acht-Punkte-Programms ist die Meditation: jeden Morgen eine halbe Stunde, so früh, wie es Ihnen möglich ist. Erweitern Sie diese Zeitspanne nicht; wenn Sie mehr meditieren möchten, tun Sie es auch abends eine halbe Stunde.

Wenn möglich, ist es eine gute Idee, ein Zimmer in Ihrer Wohnung zu reservieren, um es nur für die Meditation und spirituelle Lektüre zu benutzen. Nach einer Weile wird Ihr Geist diesen Raum automatisch mit der Meditation in Verbindung bringen, so daß es schon eine beruhigende Wirkung haben wird, wenn Sie ihn nur betreten. Wenn Sie kein Zimmer erübrigen können, wählen Sie eine besondere Ecke in einem Raum dafür aus. Wofür Sie sich auch entscheiden, halten Sie Ihren Meditationsplatz sauber, gut gelüftet, einfach und ordentlich.

Setzen Sie sich auf einen Stuhl mit gerader Lehne oder auf den Boden, und schließen Sie sanft die Augen. Wenn Sie auf dem Boden sitzen, kann es sein, daß Sie Ihren Rücken leicht gegen die Wand lehnen müssen. Es sollte Ihnen bequem genug sein, um Ihren Körper zu vergessen, aber nicht so bequem, daß Sie schläfrig werden.

Für welche Stellung Sie sich auch entscheiden, stellen Sie sicher, daß Ihr Kopf, Ihr Hals und Ihre Wirbelsäule in einer geraden Linie aufgerichtet bleiben. Wenn die Konzentration tiefer wird, entspannt sich das Nervensystem, und Sie beginnen vielleicht einzuschlafen. Es ist wichtig, sich dieser Neigung gleich von Anfang an zu widersetzen, indem Sie sich gerade aufrichten und Abstand von Ihrer Rückenstütze halten, bis die Welle des Schlafs vorübergegangen ist.

Sobald Sie Ihre Augen geschlossen haben, beginnen Sie damit, in Ihrem Geist *langsam* eine Passage aus den Schriften der großen Mystiker durchzugehen, die Sie für die Meditation auswendig gelernt haben. Ich empfehle gewöhnlich für den Anfang das Gebet des heiligen Franziskus von Assisi:

O Herr, mach mich zum Werkzeug Deines
  Friedens:
daß ich Liebe übe, wo man sich haßt,
daß ich verzeihe, wo man sich beleidigt,
daß ich verbinde, wo Streit ist,
daß ich die Wahrheit spreche, wo Irrtum
  herrscht,
daß ich Glauben bringe, wo Zweifel drückt,
daß ich Hoffnung wecke, wo Verzweiflung quält,
daß ich Dein Licht entzünde, wo Finsternis
  regiert,
daß ich Freude bringe, wo Kummer wohnt.

Ach Herr, laß Du mich trachten:
nicht daß ich getröstet werde, sondern daß ich tröste,
nicht daß ich verstanden werde, sondern daß ich verstehe,
nicht daß ich geliebt werde, sondern daß ich liebe;
denn:
Wer hingibt, der empfängt,
wer sich selbst vergißt, der findet,
wer verzeiht, dem wird verziehen,
und wer stirbt (am Selbst), erwacht zum ewigen Leben.

Wenn Ihr Geist beginnt, Ideen und Assoziationen zu dem Text zu produzieren, folgen Sie ihnen nicht, und versuchen Sie auch nicht, über den Inhalt des Gebets nachzudenken. Indem Sie jedem Wort Ihre Aufmerksamkeit schenken, wird sich Ihnen die Bedeutung unweigerlich offenbaren. Wenn Sie durch Gedanken abgelenkt werden, widerstehen Sie ihnen nicht, sondern schenken Sie den Worten des Gebets einfach mehr Aufmerksamkeit. Sollte Ihr Geist völlig abschweifen, bringen Sie ihn sanft zum Anfang zurück, und beginnen Sie von neuem.

Wenn Sie das Ende des Gebets erreicht haben, können Sie den Vorgang wiederholen, um Ihre Meditationszeit ganz auszuschöpfen; konzentrieren Sie sich vorerst allein auf diesen Text, bis Sie andere auswendig gelernt haben. Es ist hilfreich, eine große Vielfalt von Meditationstexten aus den bedeutendsten religiösen Traditionen der Welt zur Verfügung zu haben. Jeder Text sollte positiv und praktisch sein und aus einer heiligen Schrift oder von einem Mystiker höchsten Ranges stammen.

Das Geheimnis der Meditation ist einfach: Wir werden zu dem, worüber wir meditieren. Wenn Sie jeden Tag das Gebet des heiligen Franziskus in der Meditation verwenden, verankern Sie die Worte tief in Ihrem Bewußtsein. Schließlich werden sie zu einem wesentlichen Teil Ihrer Persönlichkeit; das bedeutet, sie werden als aktive Kraft in Ihrem Leben wirken und gute Absichten in Ihre Gedanken, Ihre Beziehungen und in alle Ihre Aktivitäten säen.

Natur mit einem grossen N

Als meine Frau und ich mit meiner Mutter auf dem Blauen Berg in Indien lebten, lernten wir ein europäisches Paar kennen, das in der Nähe wohnte. Sie waren immer sehr gastfreundlich zu uns, aber der Mann hatte eine Abneigung gegen das Wort «Gott», und er pflegte mich zu korrigieren: «Natur mit einem großen N.» Er meinte natürlich nicht die Natur, mit der wir jeden Tag umgehen und die Engländer ja bekanntlich mit einem kleinen N schreiben, sondern jene Natur, die für das Größere, Umfassende steht. Das störte mich in keiner Weise, denn in der fünftausend Jahre alten Tradition Indiens gab es viele große Persönlichkeiten, die der Überzeugung waren, daß Gott zahllose verschiedene Namen hätte. Ebenso viele waren jedoch der Auffassung, daß die letzte Wirklichkeit weder Er noch Sie, sondern Es wäre und überhaupt keinen Namen hätte. Wenn also mein Freund mich begrüßte und fragte, wie es meiner Mutter ginge, pflegte ich zu antworten: «Danke, sehr gut, dank der Gnade der Natur mit dem großen N.»

Als ich zum ersten Mal in Berkeley war, entdeckte ich, daß auch Amerika seinen Anteil an Individualisten hat. Zur Weihnachtszeit kam es vor, daß ich einen Bekannten mit dem Wunsch begrüßte: «Hallo Tom, frohe Weihnachten», und Tom antwortete: «Ich glaube nicht an das Christentum.» Also wünschte ich ihm: «Glückliches Chanukka!», worauf er erwiderte: «Ich glaube auch nicht an das Judentum.» So sagte ich einfach: «Ich wünsche dir einen schönen Tag!»

All diese äußerlichen Formen und Namen spielen keine Rolle. Um ein spirituelles Leben zu führen und sich in der Meditation zu üben, müssen Sie nicht irgendeiner speziellen Glaubensrichtung oder überhaupt einer Religion angehören. Wenn ich über das *Selbst* oder über das spreche, was die traditionellen Religionen Gott nennen, spreche ich nicht über jemanden außerhalb von Ihnen, der in einer himmlischen Hängematte zwischen der Milchstraße und dem Andromedanebel schaukelt. Ich spreche über jemanden, der zu jeder Zeit in Ihnen ist, den Hausherrn Ihres tiefsten Bewußtseins, der darauf wartet, entdeckt zu werden, und der Sie auffordert, ihm zu huldigen. Wie Meister Eckhart sagt: «Gott ist innen, wir sind außen; Gott ist zu Hause, wir sind in der Fremde.»

Sich nach innen wenden

Einer der vielen Namen Gottes in Hindi ist *Krishna*, was sich von der Sanskritwurzel *krish* –«ziehen» oder «anziehen» – herleiten läßt. Der Name weist in poetischer Form darauf hin, daß das *Selbst*, mit welchem Namen wir es auch bezeichnen, uns ständig aus den Tiefen unseres eigenen Bewußtseins zu sich ruft, ja, uns förmlich zu sich «hinzieht». Aufgrund unserer Konditionierung glauben wir, dieser Ruf käme von außerhalb unser selbst. Daher handeln wir zeitweise so, als wäre die Sicherheit am Strand von Saint-Tropez zu finden; oder in einem leuchtend roten Sportwagen; oder in einer Mode-Boutique am Rodeo Drive.

Sowohl in Indien als auch in Amerika habe ich viele Freunde, die Millionen gemacht haben oder berühmt geworden sind. Ich habe einige von ihnen gefragt, ob sie gefunden haben, was sie suchten. Diejenigen, die über etwas Selbsterkenntnis verfügten, haben mir im Flüsterton geantwortet: «Nein, was ich gesucht habe, ist mir unter den Händen zerronnen.» Jeder – selbst wenn er sich dessen nicht bewußt ist – sucht dieses strahlende Selbst, das immer in dir und mir wohnt. Auch wenn wir Fehler gemacht haben, verläßt es uns nicht. Sogar wenn wir uns selbst und anderen unendliches

Leid zugefügt haben, ist die Göttliche Mutter noch in uns. Daher müssen wir bei all unserer Arbeit immer in Erinnerung behalten, daß das *Selbst* im Inneren eines jeden von uns lebt und entdeckt werden kann. Zweck der Meditation ist es, genau diese erhabene Entdeckung zu machen, die in unserem Leben eine Flut von Liebe und Energie freisetzt. Sie schenkt uns große Weisheit und die untrügliche Fähigkeit, den innersten Kern der Probleme zu erkennen, vor denen die Welt heute steht.

Eine nie versiegende Quelle der Freude

Ich glaube, daß, wenn ein einziger Mensch spirituell wächst, mit ihm die ganze Welt wächst, und daß, wenn ein einziger Mensch fehlgeht, in dem Maße die ganze Welt fehlgeht.

Mahatma Gandhi

Wir alle sind geneigt, uns manchmal von den vielen Problemen in der Welt überwältigen zu lassen und zu fragen: «Was kann ich allein schon tun, um Probleme wie Umweltverschmutzung und Hunger zu lösen?» Die Antwort Gandhis ist einfach, aber herausfordernd: Sie erwecken einfach Ihr eigenes Bewußtsein und werden das Bewußtsein der ganzen Welt wecken. Das ist es, was er getan hat.

Wir können der Welt ein großes Geschenk machen, indem wir auf unser Leben schauen und allmählich alle Dinge aus ihm entfernen, die nicht einfach und schön sind. Ich war furchtbar betroffen, als ich gestern in der Zeitung las, wie viele Menschen, sowohl alte als auch junge, in kalten Winternächten unter den Brücken und auf dem Straßenpflaster San Franciscos übernachten. Können Sie sich das vorstellen? Selbst im reichsten Land der Erde haben viele Menschen keinen Platz zum Schlafen. Ich betrachte diese Menschen als meine

Freunde und Verwandten, ebenso wie ich die hungernden Kinder Afrikas als meine eigenen betrachte. Auch Sie werden so denken, wenn Sie sich der Tatsache bewußt werden, daß das *Selbst* in Ihnen dasselbe ist wie das *Selbst* in allen diesen verzweifelten Menschen. Wenn Sie diese Einheit erkennen, werden Sie eine fortwährende Quelle der Freude darin finden, einen weisen Gebrauch von Ihrem Geld, Ihrer Zeit, Ihrer Energie und Ihren Fähigkeiten im Dienste aller zu machen.

Leben in Einfachheit

Wenn sich Ihre Meditation durch die regelmäßige Praxis vertieft hat, werden Sie sich allmählich so stark auf den inspirierenden Text konzentrieren können, daß Sie die Autos auf der Straße oder die Flugzeuge am Himmel nicht mehr hören. Sie werden sich kaum mehr Ihres Körpers bewußt sein. Die ungeheure Ruhe, die dann entsteht, hat viele positive Wirkungen auf den Körper, aber noch mehr auf den Geist. Die Vereinfachung Ihres Lebens hat auf der tiefsten Ebene begonnen.

Wenn Sie tiefer und tiefer in Ihr Bewußtsein tauchen, werden Sie plötzlich die Entdeckung machen, daß Ihre Bedürfnisse sich verändert haben: Sie kümmern sich nicht mehr allein um die Befriedigung Ihrer eigenen Wünsche, sondern versuchen, das Leben aller Menschen in Ihrer Umgebung zu bereichern. Sie werden ebenso ernsthaft über die Bedürfnisse Ihrer Mitmenschen nachzudenken beginnen, wie Sie über Ihre eigenen Wünsche nachgedacht haben. Mit dieser Ausdehnung des Bewußtseins geht eine Flut von liebender Energie einher, die Ihr Leben und die Welt um Sie herum verwandelt. Der Gedanke, etwas zu kaufen oder zu tun, das anderen Menschen, den Wäldern, den Flüssen oder der Luft schadet, wird undenkbar.

Sie sind nicht die Kleidung, die Sie tragen

Ich ziehe mich gerne gut an, und ich schätze es, wenn Menschen versuchen, das Beste aus ihrer Erscheinung zu machen, aber ich bin oft überrascht, wenn ich manche der bizarren und kostspieligen Aufmachungen sehe, die die Mode uns und vor allem unseren Jugendlichen aufdrängt. Wenn ich zum Haareschneiden gehe, werfe ich gewöhnlich einen Blick in die für Teenager gedachten Magazine – *Seventeen* oder *Glamour* – und wünschte, ich könnte meine Sicht der Sache hinzufügen: Niemand ist glanzvoller oder schöner als die Männer und Frauen, die ihr wahres *Selbst* entdeckt haben.

In Indien erzählt man sich viele Geschichten, die dies veranschaulichen. Als ein großer Bildhauer den Buddha aufsuchte, um sein Abbild in Stein zu hauen, war er so geblendet von seinem Glanz, daß er sagte: «Deine Schönheit blendet mich, Mitfühlender Einziger. Ich kann dich nicht ansehen. Wie soll ich dein Abbild schaffen?» Der Buddha sagte: «Schau her, du wirst mein Spiegelbild im Wasser sehen.» Und so glaubt man, daß die klaren, erhabenen Darstellungen, die wir heute vom Buddha haben, nur einen Abglanz seiner wirklichen Schönheit widerspiegeln.

Im Dhammapada verrät der Buddha, diese

Quelle der Vollkommenheit, das Geheimnis wirklicher Schönheit: Du bist nicht die Kleider, die du getragen hast; du bist nicht die Juwelen, die du gekauft hast. Alles, was du bist, ist das Ergebnis dessen, was du getan hast. Durch Meditation können Sie Ihr Denken verschönern und Ihre Persönlichkeit heller und heller erstrahlen lassen.

Dies ist eine Auffassung von Schönheit, die sich von dem, was wir in den Medien sehen, sehr unterscheidet. Nach der Lehre des Buddha ist jeder geboren, um schön zu sein – nicht nur für die ersten fünfundzwanzig Jahre, sondern immer. Die Quelle aller Schönheit ist im Inneren zu finden.

Der Duft des Buddha

Die Mädchen in Zentralindien, wo ich an einem College der Unterstufe Unterricht gab, benutzten keine teuren Parfums. Statt dessen flochten sie sich Jasminblüten in ihr prachtvolles schwarzes Haar und gingen damit schlafen. Morgens pflegten sie die Blumen zu entfernen, bevor sie in die Klasse kamen, aber der durchdringende Duft des Jasmins haftete an ihren Haaren und folgte ihnen ins Klassenzimmer.

Ich fürchte, die Gedanken der jungen Männer schweiften oft von meinen Vorträgen über *Hamlet* und *The Tempest* (*Der Sturm*) ab.

Der Buddha verwendet ein sehr ähnliches Bild, wenn er uns lehrt, daß es auch für gewöhnliche Menschen wie uns möglich ist, nicht nur einige wenige Menschen zu lieben, die uns nahe sind – unseren Partner, unsere Kinder, unsere Freunde oder sogar unsere ganze Nachbarschaft –, sondern zur Liebe selbst zu werden, alle und jeden, Männer, Frauen und Kinder ebenso wie Löwen, Tiger, Elefanten, Hunde und Katzen zu lieben. Wenn du dich in der Nähe solcher Menschen aufhältst, sagt der Buddha, wirst du feststellen, daß sie ein Duft umgibt, der in dein Herz eindringt, fast ohne daß du es merkst. Wenn du dich eine Weile in der Gegenwart eines solchen Menschen aufhältst, wirst du in einen Duft getaucht, der dir nach Hause folgen und dich nicht mehr loslassen wird.

Es erfordert zwar eine lange, lange Zeit, aber wir alle können diese allumfassende, alles in sich aufnehmende Liebe entwickeln. Ein großer Mystiker beschreibt es als eine Liebe, die dich nicht gehen lassen will. Selbst wenn du nicht lieben möchtest, kannst du nicht umhin, es zu tun. Du könntest niemanden hassen, selbst wenn du wolltest. Du könntest zwar versuchen zu sagen: «Liebe, laß mich in Ruhe!», aber sie würde einfach antworten: «Nein – du bist mein.»

Entzünde im Inneren ein Licht

Neulich ging ich in einen Laden speziell für Männer. Ich war neugierig herauszufinden, womit erfolgreiche Männer ihre Zeit verbringen, wofür sie ihr hart verdientes Geld ausgeben, was sie anlockt und wovon sie glauben, daß es ihr Aussehen verbessert. Am Kosmetikstand gab man mir eine kleine Broschüre über Gesichtspflege. Darin fand sich eine lange Liste von Hautcremes und Reinigungslotionen, um die Hautcremes wieder zu entfernen, und darüber hinaus genügend Möglichkeiten, um jeden Abend eine ganze Stunde mit der Schönheitspflege zu verbringen. Soweit ich sehen konnte, glaubten die Hersteller dieser Cremes ernsthaft, daß man überall geliebt würde, wenn man seiner Haut eine so große Aufmerksamkeit schenkt.

Ich möchte kein Miesmacher sein, aber ich muß eine der ältesten Lebensweisheiten klarstellen. Die meisten werden von körperlicher Schönheit angezogen, aber nach einer Weile – es kann eine schmerzlich kurze Zeit sein – wird vielleicht ein anderes gutgepflegtes Gesicht die Aufmerksamkeit erhalten, die Sie bekommen haben.

Das Alter kann nicht unbegrenzt hinausgeschoben werden. Welche künstlichen Hilfsmittel wir auch verwenden, werden die Zeiger auf der körperlichen Skala doch gegen uns ausschlagen, sobald wir in die Dreißiger kommen; manche sagen, daß der Alterungsprozeß schon einsetzt, wenn wir die Fünfundzwanzig überschreiten. Andererseits nimmt die Schönheit, die ihren Ursprung in einem friedvollen Geist und einem liebevollen Herzen hat, mit den Jahren zu. Im Fall meiner spirituellen Lehrerin, meiner Großmutter, verschlug uns der Schimmer ihrer Haut und die Sanftheit ihrer Augen noch in ihren Siebzigern den Atem. Alle in der Familie pflegten sich um sie zu scharen, weil sie merkten, daß sich in ihr eine Schönheit und Weiblichkeit offenbarten, denen die Zeit nichts anhaben konnte.

Wenn Sie in die schönsten Augen der Welt blikken wollen, schauen Sie nicht auf die Titelseite von *Vogue*, sondern auf ein Bild von Sri Ramana Maharshi, einem Weisen, der bis zu seinem Tod im Jahre 1950 in Indien lehrte und der das Vorbild für den spirituellen Lehrer in Somerset Maughams berühmtem Roman *Auf Messers Schneide* war. Je tiefer Sie in seine Augen blicken, desto tiefer werden Sie in sie hineinfallen. Es gibt eine alte Redensart, die lautet: Augen sind die Fenster der Seele. Wenn Sie mit solchen Menschen in Berührung kommen, werden Sie verstehen, daß das Licht durch alle Fenster herausscheint, wenn im Inneren ein Licht entzündet ist.

Die zweite Hälfte des Lebens

Ich stehe für die weiblichen Eigenschaften: Ruhm, Schönheit, vollkommene Rede, Gedächtnis, Klugheit, Treue und Vergebung.

Bhagavad Gita

Menschen, die sich mit ihrem Körper identifizieren, betrachten die zweite Hälfte des Lebens oft als eine große Last. Nur wenn Sie lernen, sich mit dem *Selbst* zu identifizieren, werden die späteren Jahre Ihres Lebens ein großes Glück bedeuten.

Einmal, als ein Freund und ich in der örtlichen Einkaufszone spazierengingen, sprach mich eine junge Reporterin an. Sie entschuldigte sich, daß sie meinen Spaziergang unterbrach und sagte: «Macht es Ihnen etwas aus, wenn ich Ihnen eine Frage stelle?» Sie räusperte sich. «Was, würden Sie sagen, ist das Unangenehmste beim Altwerden?»

Ich war nicht beleidigt. Sie war eine nette junge Frau; ihre Frage spiegelte nur unsere moderne Einstellung zum Alter wider. Also lächelte ich und antwortete: «Sie sollten jetzt an besten notieren, was ich sage. Die zweite Hälfte meines Lebens ist wunderbar. Es ist tatsächlich kein Vergleich zur Jugend. All die körperliche Kraft und das Herumrennen und – wie nennen Sie es? – die Flausen und das

Kuddelmuddel der frühen Jahre, das ist alles ‹Schall und Rauch, die nichts bedeuten›.»

Wenn ich sie besser gekannt hätte, hätte ich vielleicht hinzugefügt, daß es kein Entkommen vor den Zerstörungen der Zeit gibt, solange man sich von seiner körperlichen Erscheinung abhängig macht. Darum sagen spirituelle Lehrer: Erfreue dich deiner Jugend, aber vergiß nicht, das Licht der Schönheit im Inneren anzuzünden, das im Lauf der Zeit immer heller leuchten wird.

Unsere Gesellschaft lebt mit der ziemlich kindlichen Theorie, daß Schönheit und Freude auf eine besondere Periode des Lebens beschränkt sind. Es ist wahr, daß Kinder sich durch eine eigene, wunderbare Schönheit auszeichnen, aber jedes Kind muß aufwachsen. Teenager sind ebenfalls auf eine ganz besondere Art schön, aber sie sind irgendwann erwachsen. Ebenso werden die Menschen, die heute zwanzig oder dreißig Jahre alt sind, irgendwann in den Vierzigern und Fünfzigern sein.

Als meine Großmutter in ihre Sechziger kam und mit uns in unserem Ahnenhaus saß, war sie der Mittelpunkt aller Aufmerksamkeit. Ihre Schönheit kam völlig von innen – eine aus den höchsten weiblichen Eigenschaften geborene Schönheit. Vergebung, innere Stärke, sanfte Worte (was gleichzeitig sanfte Gedanken bedeutet), sie alle spielen eine Rolle dabei, eine Frau – oder einen Mann! – schön zu machen.

Welchem Land oder welcher Religion Sie auch angehören – jeder Mensch reagiert auf diese Art von innerer Schönheit. Sie brauchen nicht für sich zu werben. Um eines der wunderbaren Gleichnisse von Sri Ramakrishna zu gebrauchen: Sie werden sein wie eine Lotosblüte, die sich in den Strahlen der Morgensonne öffnet. Der Lotos braucht nicht zu sagen: «Wo sind die Bienen?» Die Bienen suchen nach dem Lotos. Wir alle suchen innerlich nach dieser Art von Schönheit und Liebe, die im Lauf der Zeit zunimmt.

Den Zorn bändigen

Ebenso wie wir in einer äußeren, physischen Welt leben, leben wir gleichzeitig auch in einer inneren Welt der Gedanken, Gefühle und Wünsche. Während unsere moderne Zivilisation große Fortschritte im Verständnis der äußeren Welt und in ihrer Nutzung für unsere Bequemlichkeit gemacht hat, haben wir uns kaum darum bemüht, die innere Welt zu erforschen. Erst heute beginnen wir zu erkennen, daß die Kräfte, die hier wirken – Kräfte wie Zorn, Gier und Angst –, die Macht haben, den Geist zu verderben, die Erde zu verwüsten und Menschen zu zerstören. Wir müssen spüren, wie diese Winde wehen, und lernen, wie sie gelenkt werden können und wie man sie für sich arbeiten lassen kann. In der Gegend, wo ich lebe, sehe ich oft Windmühlen, die die Kraft des Windes ausnützen und tief aus der Erde Wasser heraufpumpen, um die Milchkühe des Umlandes zu tränken und die Getreidefelder zu bewässern.

Windmühlen lassen den Wind arbeiten. Ähnlich können Sie durch Meditation eine Mühle des Zorns errichten; sie wird Ihren Zorn arbeiten lassen und die lebendigen Wasser des Mitleids und der Kreativität aus den Tiefen Ihres Herzens heraufpumpen, um allen Menschen in Ihrer Umgebung zu helfen. Gandhi lernte dieses Geheimnis in Südafrika. «Durch bittere Erfahrung», schrieb er, «habe ich die eine erhabene Lektion gelernt, meinen Zorn zu verwandeln. Ebenso wie Hitze unter den richtigen Umständen Energie produziert, kann unser kontrollierter Zorn in eine Kraft umgewandelt werden, die die Welt zu bewegen vermag.» Gandhi zitiert weder ein Buch noch teilt er uns mit, was sein Lehrer sagte. Er spricht von seiner eigenen Erfahrung. Indem er den Zorn über die Demütigungen bändigte, mit denen er und andere Menschen in Südafrika gequält wurden, änderte er die Welt.

Aus dem Acht-Punkte-Programm

Rezitieren des Mantrams

Ein Mantram ist eine mächtige spirituelle Formel, die, wenn sie still im Geist wiederholt wird, die Kraft hat, das Bewußtsein zu transformieren. Das hat nichts mit Magie zu tun. Es ist, wie wir alle selbst nachprüfen können, einfach eine Sache der Übung.

Jede religiöse Tradition hat mindestens ein Mantram, wenn nicht mehr. Für Christen ist der Name Jesu selbst ein mächtiges Mantram; Katholiken verwenden auch *Heil Maria* oder *Ave Maria*. Juden verwenden vielleicht *Barukh attah Adonai* – «Gesegnet bist du, o Herr» – oder die Hasidische Formel *Ribono shel olam* – «Herr des Universums», Muslime wiederholen den Namen Allahs oder *Allahu akbar* – «Gott ist groß». Wahrscheinlich das älteste buddhistische Mantram ist *Om mani padme hum*, das sich auf das «Juwel im Lotos des Herzens» bezieht. Unter den vielen Möglichkeiten im Hinduismus empfehle ich das Wort *Rama*, welches das Mantram Mahatma Gandhis war.

Suchen Sie sich ein Mantram aus, das Sie in der Tiefe anspricht. Wenn Sie es aber einmal gewählt haben, wechseln Sie es möglichst nicht mehr. Andernfalls werden Sie – wie Sri Ramakrishna, der indische Mystiker des neunzehnten Jahrhunderts, es ausdrückt – wie ein Mensch sein, der flache Brunnen an vielen Orten gräbt; Sie werden niemals tief genug kommen, um Wasser zu finden.

Rezitieren Sie still für sich Ihr Mantram, so oft Sie die Möglichkeit dazu haben: beim Gehen, beim Warten, bei mechanischen Verrichtungen wie Geschirrspülen und besonders vor dem Einschlafen.

Sie werden feststellen, daß dies keine geistlose Wiederholung ist, im Gegenteil: Das Mantram wird Ihnen helfen, entspannt und munter zu bleiben. Wenn immer Sie zornig, ängstlich, nervös, sorgenvoll oder verärgert sind, wiederholen Sie das Mantram, bis die Aufregung sich legt. Das Mantram bewirkt eine Stabilisierung des Geistes; alle genannten Emotionen sind negative Kräfte, die sich gegen Sie selbst richten und die Sie durch ein Mantram bändigen und für sich arbeiten lassen können.

Der Raum zwischen den Gedanken

In Buddhas Darstellung des Denkprozesses sind Gedanken wie Äffchen, die einander an den Schwänzen festhalten. Jeder Gedanke ist zwar eine autonome Einheit, aber wegen der Geschwindigkeit, mit der die Gedankenimpulse im Geist auftauchen, erscheint eine Folge von einzelnen Gedanken wie ein ununterbrochener Strom.

Das ist es auch, was wir Zorn nennen. Zorn ist nicht ein einzelner Gedanke, sondern eine Flut zorniger Gedanken – «Ich hasse sie, ich hasse sie, geh zugrunde, geh zugrunde» –, hundertmal wiederholt, bis sie wie ein einziges langes, finsteres Krokodil aussehen. Solange Ihr Denken sich beschleunigt, gibt es keine Möglichkeit, diesem Krokodil zu entkommen. Was Sie daher durch die Meditation und die Wiederholung des Mantrams zu tun versuchen, ist das Verlangsamen Ihrer Gedanken, bis Sie anfangen, ein bißchen Licht zwischen dem einen «geh zugrunde» und dem folgenden zu sehen – nur einen kleinen Lichtstrahl.

Diesen Raum zwischen den Gedanken zu sehen ist der erste Schritt zu der Erkenntnis, daß Sie nicht der Spielball des Zorns zu sein brauchen. Während Sie das Bewußtsein verlangsamen, werden Sie lernen, zwischen zwei zornige Gedanken zu treten, dadurch zwei gewaltige geistige Kräfte voneinander zu trennen und zu sagen: «Das war's, Jungs; brecht es ab! Schüttelt euch die Hände und geht nach Hause. Ich will euch hier nicht wieder sehen.»

Es ist nicht einfach, aber Sie können einzelne Gedanken aus dem vagen Gedankenstrom isolieren. Wenn Sie diese Fähigkeit erlernt haben, können Sie zwar immer noch zornig werden (es wird immer irgend jemanden geben, der Sie provoziert, ebenso wie Sie es selbst kaum vermeiden können, manchmal andere Menschen zu provozieren), aber das Gefühl des Zorns wird nicht mehr stark genug sein, um Sie zu einer unbeherrschten Tat zu veranlassen oder Ihr Urteil zu trüben. Alle Energie, die sich in Kampf und Groll aufgezehrt hätte, kann nun in Mitgefühl und liebevolles Tun fließen. Sie werden eine heilende Kraft sein, wohin Sie auch gehen.

Leben, um hundertzwanzig Jahre alt zu werden

Um in Harmonie mit uns selbst, mit anderen Menschen und mit der Umwelt zu leben, ist es wichtig, die Gesetze der geistigen Dynamik zu verstehen. Die Kräfte des Geistes und ihre Wirkungen auf unsere äußere Welt sind von vielen der großen Mystiker, die den Fluch der Getrenntheit überwunden haben und zur Einheit allen Lebens erwacht sind, intensiv erforscht worden; die Weisen im alten Indien haben sich im besonderen der Frage gewidmet, wie der Geist den Körper beeinflussen kann.

Eine der überraschend hellsichtigen Theorien der Weisen geht von der Hypothese aus, daß das Herz für eine bestimmte Zahl von Schlägen pro Jahr gedacht ist; die Zahl, die sie nannten, war vierzig Millionen. Während man sich über die genaue Zahl sicher streiten kann, wird man doch zustimmen müssen, daß das Herz wie jede robuste Pumpe eine begrenzte Funktionsdauer hat.

Nun die brillante Schlußfolgerung, die manchen Erkenntnissen der modernen Herzforschung nahekommt: Positive Emotionen, so lehren die Weisen, sind immer langsamer und weniger streßreich als negative. Sie können das an sich selbst beobachten. Prüfen Sie, wenn Sie das nächste Mal zorniger und zorniger werden und im Begriff sind, «in die Luft zu gehen», Ihren Puls und Ihren Atemrhythmus. Sie haben sich beide beschleunigt. Das ganze physiologische System ist zu überhöhter Geschwindigkeit übergegangen.

In der modernen Herzforschung sprechen die Ärzte von Persönlichkeiten des Typs A, von Menschen mit «Hochrisikofaktoren» wie der Neigung zu Zorn und Konkurrenzverhalten, was zu Bluthochdruck und einem erhöhten Risiko von Herzkrankheiten führt. Die Weisen im alten Indien griffen auf ein anderes Vokabular zurück, aber ihre Botschaft ist ähnlich: Wenn wir häufig zornig, verängstigt oder aufgeregt sind, reichen unsere vierzig Millionen Herzschläge nur etwa zehn Monate, anstatt zwölf. Wir haben zwei Monate unseres Lebens verloren.

Auf der anderen Seite geben die Weisen einige praktische Ratschläge, die mit neueren Empfehlungen anerkannter Forscher auf den Gebieten der Herzkrankheiten und der Psychoneuroimmunologie übereinstimmen: Wenn Sie im Fall eines Angriffs geduldig sein können und ihn weder vergelten noch davor zurückweichen wollen, wenn Sie lernen, Böswilligkeit mit Güte zu begegnen und sogar denjenigen zu helfen, die unfreundlich zu Ihnen sind, dann werden Ihre vierzig Millionen Herzschläge nicht nur für zwölf, sondern für vierzehn Monate reichen. Sie haben dann zwei Monate Leben gewonnen. Nach der Rechnung der Weisen sollte uns ein Leben für das Wohl anderer dazu befähigen, bis zu einer vollen Spanne von hundertzwanzig Jahren zu leben – ein Leben des aktiven, liebevollen Dienstes an der Welt.

Geistig Streife fahren

Ich versuche, in Mahatma Gandhis Fußstapfen zu treten, indem ich alle gerechten Gesetze sehr gewissenhaft befolge. Wann immer ich mit Freunden unterwegs bin, bleiben wir zum Beispiel unter der Geschwindigkeitsgrenze von fünfundfünfzig Meilen pro Stunde. Zum Teil tun wir das, um den Treibhauseffekt zu verringern und weil fünfundfünfzig Meilen für die meisten Autos die optimale Geschwindigkeit sind, aber wir tun es auch aus einem Gefühl für Ehrlichkeit; da das Gesetz dafür gedacht ist, uns zu helfen, gehorchen wir ihm gerne.

Eines Tages waren wir mit dem Auto gerade zu einer Zeit unterwegs, als alle Fahrer – vor uns, hinter uns und neben uns – ein zügiges Tempo von mindestens fünfundsechzig Meilen pro Stunde vorlegten, so daß wir ebenfalls auf Fünfundsechzig beschleunigen mußten. Da geschah etwas Ungewöhnliches. Ein Autobahn-Streifenwagen erschien, reihte sich in die Kolonne ein und scherte wieder aus. Er hielt niemanden an und nahm niemanden fest; er reihte sich nur ein und scherte wieder aus. In zwei Minuten waren alle wieder auf Fünfundfünfzig herunter. Ich genoß es zu sehen, wie schnell die Leute auf die Autobahnstreife reagierten. Alle drosselten die Geschwindigkeit – selbst die rebellischsten Jugendlichen auf ihrem Wochenendausflug.

Das ist es, was das Mantram bewirkt, wenn Sie es auf der Autobahn des Geistes einsetzen. Wenn Ihre Gedanken mit Fünfundsechzig, Siebzig, Achtzig dahinzurasen beginnen, kommt mit blinkenden Lichtern das Mantram ins Spiel und reiht sich ein zwischen Zorn, Gier, Eifersucht und Bosheit. Alle Gedanken drosseln ihre Geschwindigkeit. Wenn das geschieht, können Sie Ihre negativen Emotionen wieder in positive Bahnen lenken: die Arbeit für das Wohl der Umwelt und der Menschen in Ihrer Umgebung. Durch regelmäßige Übung wird am Ende der Festtag kommen, an dem Sie zu Zorn und Unsicherheit sagen können: «Halten Sie am Straßenrand an!» Und dann können Sie sie dort einfach lassen.

Einen Gang zurückschalten

Das Ziel aller spirituellen Disziplinen ist es, den Geist allmählich zu einer vollkommenen Ruhe zu bringen.

In Kfz-Terminologie ausgedrückt bedeutet das, Sie schalten vom Schnellgang erst in den dritten, dann in den zweiten und am Ende in den Leerlauf herunter. Wenn Sie die Fähigkeit entwickeln, Ihren Geist in den Leerlauf zu schalten, werden Sie unerschöpfliche Geduld erworben haben. Sie werden in der Lage sein, sich die Meinung einer anderen Person mit solcher Konzentration und Unbefangenheit anzuhören – selbst wenn Ihre eigenen Ansichten damit in Stücke gerissen werden –, daß Sie manchmal zu sich selbst sagen können: «Ja, er hat recht. Ich liege falsch. Ich kann von ihm lernen.» Ein solches Bewußtsein wird von so großer Ruhe und Langsamkeit bestimmt, daß es sich sehr aufmerksam entgegengesetzte Standpunkte anhört und bereit ist, von ihnen zu lernen. Diese Haltung geistiger Offenheit ist der Anfang der Freundlichkeit, und Freundlichkeit ist das Fundament einer harmonischen Welt. Eile ist Unfreundlichkeit.

Immer wenn Sie sich zur Meditation hinsetzen, können Sie sich daran erinnern, langsam die Gänge zu wechseln, vom schnellsten zum langsamsten, bis

Sie nach vielen Jahren Ihren Geist parken, ebenso wie Sie Ihr Auto parken.

An diesem Punkt hören Sie auf, ständig Energie abzugeben, und beginnen statt dessen, sie für wichtige Zwecke zu bewahren. Normalerweise, selbst wenn wir nicht bewußt handeln oder sprechen, fährt der Geist fort, unablässig Gedanken zu produzieren, und verbraucht dadurch wertvolle Energie. Wenn Sie gelernt haben, Ihren Geist zu parken, wird ein großer Teil der Energie und der Vitalität bewahrt, stärkt Ihr Immunsystem und die lebenswichtigen Organe, und verlängert Ihr Leben.

Aus dem Acht-Punkte-Programm

Langsam leben

Sein Lebenstempo zu verlangsamen ist eine wichtige spirituelle Disziplin, insbesondere in unserer modernen, hochgradig beschleunigten Lebens- und Arbeitsweise. Eile fördert Spannung, Unsicherheit, Ineffektivität und Oberflächlichkeit. Beginnen Sie den Tag möglichst früh, um Eile zu vermeiden, und vereinfachen Sie Ihr Leben, indem Sie darauf achten, nicht mehr Tätigkeiten in Ihren Tag zu pressen, als auch wirklich Zeit dafür vorhanden ist. Wenn Sie merken, daß Sie Ihr Tempo zu beschleunigen beginnen, wiederholen Sie Ihr Mantram; das wird Ihnen helfen, sich zu verlangsamen.

Es ist jedoch wichtig, Langsamkeit nicht mit Faulheit zu verwechseln, die Achtlosigkeit, Verzögerung und allgemeine Ineffizienz erzeugt. Bei der Verlangsamung sollten wir pedantisch auf Einzelheiten achten und selbst bei der kleinsten Verrichtung unser Allerbestes geben.

Den Geist in der Freundlichkeit parken

Wenn der Geist sich über lange Zeit verlangsamt, werden Sie im besonderen folgende Veränderung feststellen: Unsicherheit und Depression werden Ihnen fremd. Wenn der Geist auf Hochtouren läuft, ist die Depression Ihr ständiger Begleiter, fährt sozusagen auf dem Rücksitz mit. Wenn der Geist dagegen einen langsamen Gang eingelegt hat, ermöglicht er es Ihnen, frei zu entscheiden, welche Gedanken Sie denken wollen. Die Depression ist nur mehr ein Anhalter, der draußen darauf wartet, mitgenommen zu werden. Sie sagen einfach: «Leider kein Platz», und fahren vorbei.

Ich spreche hier nicht über Moral, sondern über Dynamik. Wenn Ihr Wagen schnell fährt, können Sie weder wenden noch anhalten. Dieses Bild verdeutlicht ausgezeichnet die Problematik des bescheunigten Geistes, wie er auf einen Zusammenstoß zusteuert – ob er nun in Zorn, in Angst oder in Begierde dahinrast.

Wenn Sie Ihren Wagen in der Stadt parken wollen, müssen Sie die Autobahn verlassen, stufenweise von sechzig Meilen pro Stunde auf vierzig oder zwanzig heruntergehen, bis Ihr Auto zum vollständigen Stillstand kommt, und dann sorgfältig den Rückwärtsgang einlegen, um jenes erstaunliche

Kunststück zu vollbringen, das man «paralleles Parken» nennt. Um in innerer Freiheit zu leben, müssen Sie ganz ähnlich lernen, Ihren Geist zu verlangsamen, ihn zum entspannten Stillstand zu bringen und ihn schließlich zu parken, wo immer Sie es wünschen – beispielsweise in Geduld, in Mitleid oder in Liebe.

Ein solches Parken erfordert ein unglaubliches Geschick. Ich habe einige Freunde, die eine besondere Kunstfertigkeit darin erworben haben, in San Francisco zu parken. Wo ich praktisch keinen freien Raum zwischen zwei Autos entdecken kann, schaffen sie es mit Grazie, ihren Wagen zwischen sie zu bugsieren – sogar in den steilsten Straßen San Franciscos. Wenn Ihnen dasselbe mit Ihrem Geist gelingt, werden Sie entdecken, daß Sie nichts mehr in Aufregung versetzen kann. Was auch passiert – Sie haben Ihren Geist sicher in der Freundlichkeit und im Verständnis geparkt. Schon eine einzige Person, die dieses Geschick erworben hat, kann einen erstaunlichen Prozeß der Transformation auslösen, der die gesamte Gemeinde erfaßt, in der er oder sie lebt.

Den Geist neu einstellen

Ich hatte einen Freund, der Uhren reparierte. Immer wenn ich ein Problem mit meiner Armbanduhr hatte, pflegte ich sie ihm zu bringen. Er hielt dann ein Vergrößerungsglas an sein Auge, öffnete meine Uhr, machte ein paar kleine Korrekturen und gab sie mir zurück mit den Worten: «Jetzt geht sie wieder richtig.»

Wenn Ihre Meditation sich vertieft, werden Sie eine außerordentliche Fähigkeit entwickeln: Sie werden in der Lage sein, die Funktion Ihres Geistes auf dieselbe Art zu überprüfen, wie mein Freund in meine Uhr schaute. Wenn die Uhr vorging, warf er sie nicht weg. Er öffnete sie, lockerte einen Draht oder zog eine Schraube an, und stellte dann die Zeit neu ein.

Ähnlich können Sie nach Jahren intensiven Trainings Ihren Geist sozusagen herausnehmen und von hinten öffnen. Sie werden seinen Anblick sehr interessant finden.

Zu Ihrem größten Erstaunen werden Sie feststellen, daß der Zorn, die Angst oder die Begierde, die Sie schneller und schneller laufen ließen, Kräfte sind, die Sie bändigen und umwandeln können.

Diese negativen Emotionen sind nicht Sie. Langsam werden Sie anfangen zu erkennen, wo Zorn und Begierde genau lokalisiert sind, und lernen, wie man sie in Mitleid und Großzügigkeit umwandelt.

Die Gier verwandeln

Immer, wenn die Probleme der Welt überwältigend erscheinen, sollten Sie sich daran erinnern, daß Sie einen großen Vorrat an Energie und Kreativität in sich haben. Er kann Ihnen alle Mittel zur Verfügung stellen, die Sie brauchen, um einen dauerhaften Beitrag für die Welt zu leisten.

Durch die Meditation beginnen Sie, eine Art Landkarte des Bewußtseins zu entwickeln. Sie werden herausfinden, wo es Schlupfwinkel für Zorn und Gier gibt, die Sie wie feindliche Truppen in einen Hinterhalt locken wollen. Allmählich werden Sie zu der faszinierenden Erkenntnis gelangen, daß all diese negativen Kräfte Ihre Freunde werden, sobald es Ihnen nur gelingt, sie auf Ihre Seite zu ziehen. Auf diese Weise hat Gandhi so beeindrukkende Veränderungen zustande gebracht.

Es war nicht nur Zorn, was er zu bändigen lernte. Seinem Freund Sardar Patel zufolge fand Gandhi auch in der Gier eine enorme Quelle wohltätiger Energie. Patel erzählt eine vergnügliche Geschichte über eine Eisenbahnfahrt mit Gandhi. Bei jedem Halt stieg Gandhi aus und ging mit seiner Bettelschale in der Menge herum, um für Indiens Ärmste der Armen zu sammeln. Juwelen, Armbanduhren, Geld – er sammelte alles. Und er nahm von allen –

von Männern, Frauen, Kindern, Reichen und Armen. Selbst die Bettler wurden nicht von seinen Bitten ausgenommen. Als Patel, der sich nicht zurückhalten konnte, Gandhi manchmal zu necken, zusammen mit einem Gefährten diese seltsame, wundervolle Szene beobachtete, sagte er: «Wenn du einen Menschen sehen willst, der von Gier verzehrt wird, brauchst du nicht weiter zu suchen.»

Das ist es, was ich den Zauber der Umwandlung nenne. Anstatt nur gierig für sich selbst zu sein, war Gandhi gierig für alle geworden. Er verwaltete Millionen von Rupien ohne jede Spur von persönlicher Habgier. Alles war für seine Arbeit, nichts für ihn selbst. Durch Meditation und das Training der Sinne können Sie ebenfalls jede negative Emotion oder selbstsüchtige Begierde in einen Dienst für die Welt verwandeln. Anstatt sich von der Begierde lenken zu lassen, können Sie aufspringen, als wäre sie ein Motorrad, und mit ihr fahren, wohin Sie wollen. Stellen Sie sich vor, Ihre Begierde wäre eine Harley-Davidson. Anstatt von ihr umgetrieben zu werden, schwingen Sie sich auf sie, drehen das Drosselventil auf und donnern geradewegs auf Ihr Ziel zu.

Das ist es, was ein Meister der Meditation tun kann. Er oder sie wird fragen: Was hat die Befriedigung für einen Wert, wenn ich von meiner Begierde erdrückt werde? Was bedeutet die Befriedigung für dich, wenn du in die Knie gehst, deine Begierde aufspringt und das Drosselventil aufdreht? Trotze ihr! Die ganze Kraft der Begierde wird dein werden, damit du sie nach deinem Belieben gebrauchen kannst.

Es bedarf einer langen Zeit, um dies zu verstehen, aber wenn dann eine große Begierde auftritt, werden Sie eine Wahl haben. Wenn sie jedermann nur Vorteile bringt, folgen Sie ihr und genießen Sie sie. Wenn Sie aber feststellen, daß sie anderen oder Ihnen selbst Schaden zufügt, werden Sie sich nicht darum scheren, was Ihr Bekanntenkreis oder die Werbung dazu sagt. Sie werden in der Lage sein zu erklären: «Nein, ich werde das nicht tun, denn ich brauche die Energie, um mich selbst und die Welt um mich her zu verwandeln.»

Geduld

Geduld ist einer der wertvollsten Verbündeten auf dem schwierigen Weg der Selbstumwandlung. Wie der heilige Franziskus sagt: «Wer verzeiht, dem wird verziehen.» Wenn Sie in der Lage sind, mit anderen Geduld zu haben, werden Sie auch sich selbst gegenüber Geduld üben, und dies wird Ihnen alle innere Hilfe geben, die Sie brauchen, um beharrlich zu sein und die Dinge in Ihrem Leben zu verändern, die Sie verändern wollen. Aber Geduld kann nicht über Nacht erworben werden. Es ist wie das Aufbauen eines Muskels: Sie müssen jeden Tag daran arbeiten, um seine Leistung zu steigern. Wenn Leute mir erzählen, daß sie keine Geduld haben, sage ich immer: «Das liegt nur daran, daß Sie sie nie trainiert haben.»

Ich übe meine Geduld jeden Tag. Immer, wenn Leute mich provozieren oder mir Schwierigkeiten machen (was selten ist, aber vorkommt), rege ich mich nicht auf, resigniere nicht und versuche auch nicht, sie zu kritisieren. Ich sage zu mir selbst: «Hier ist eine Chance, meine Geduld zu stärken. Laß mich Nachsicht mit ihm haben, bis er umfällt, und ihm dann aufhelfen. Laß mich Nachsicht mir ihr haben, bis sie es sich anders überlegt, und dann in Harmonie mir ihr arbeiten.» Diese Art von Zähnezusammenbeißen und Durchhalten, durch das Sie Ihre Wurzeln tiefer und tiefer in Ihrem Bewußtsein verankern, hilft Ihnen – wie Gandhi bewiesen hat –, eine Ausdauer zu entwickeln, die keine Regierung, Organisation oder Institution zu erschüttern vermag.

Im Sanskrit wird Gott *kshamasagara* genannt, ein Ozean von Geduld. Wenn wir lernen, mit uns selbst und mit anderen Menschen Geduld zu haben, werden wir, weil Gott ein Ozean von Geduld ist, demütige Werkzeuge in seiner Hand werden, die der Welt Harmonie und Frieden bringen – trotz allem, was wir der Erde antun.

KAUEN SIE WEITER!

Wenn Sie mit der Meditation beginnen und anfangen, Ihre Gewohnheiten zu ändern, sieht es manchmal so aus, als erlebten Sie eine Sauregurkenzeit. Ich versuche nicht, jemanden in die Irre zu führen. Es ist harte Arbeit. Tatsächlich fragen mich meine jüngeren Schüler manchmal weinerlich: «Das Leben war immer so angenehm für uns. Warum ist es jetzt so... so nervtötend?»

Sie haben mein Mitgefühl. Als ich das gleiche durchmachte, beklagte ich mich darüber bei meiner spirituellen Lehrerin, meiner Großmutter. Sie war eine sehr unverblümte Lehrerin, ganz ohne die Euphemismen der Intellektuellen, und so führte sie mich einfach zu einem Amla-Baum. Der Amla ist ein schöner Baum, der Mimose ähnlich, mit einer kleinen Frucht. Sie pflückte eine Frucht und sagte: «Hier, iß einen Bissen.» Ich begann zu kauen. Es schmeckte recht scheußlich.

Ich sagte: «Ich muß es ausspucken, Oma. Es ist sauer, bitter und unangenehm.» Sie sagte nur: «Nimm es mir nicht übel. Kaue noch eine Weile weiter.» Also kaute ich weiter, und zu meiner Überraschung wurde die Amla-Frucht süßer und süßer.

Ähnlich erfordern die Meditation und die zu ihr

gehörigen Übungen jeden Tag eine nachhaltige Begeisterung – selbst wenn es nervtötend erscheint. Ja, gerade, wenn es nervtötend erscheint! Wenn Sie dabei bleiben, werden Sie die gleichen Übungen immer süßer finden. Wenn die Zeit der Meditation herannaht, werden Sie merken, daß Sie nach dem inneren Frieden und der Ruhe, die sie bringt, geradezu hungern. Es wird sogar die Zeit kommen, wo Sie sich eine doppelte Portion davon wünschen.

Stolze Demut

Der Geist der Nicht-Gewalt führt notwendig zur Demut. Nicht-Gewalt heißt Gott vertrauen, dem ewig Unerschütterlichen. Wenn wir aber seine Hilfe suchen wollen, müssen wir ihm demütigen und reuigen Herzens nahen. Wir müssen es dem Mangobaum gleichtun, der sich niederbeugt, wenn er Früchte trägt. Seine Größe liegt in seiner majestätischen Demut.

Mahatma Gandhi

Wenn ich eine paradoxe Ausdrucksweise gebrauchen darf: Der Mystiker ist ein Mann von stolzer Demut oder eine Frau von demütigem Stolz. «Persönlich», pflegte der heilige Franz von Assisi zu sagen, «bin ich niemand. Aber», fügte er hinzu, «weißt du, wer in meinem Leben lebendig geworden ist? Weißt du, wer in meinem Herzen lebt?»

Gandhi bewies dieselbe Mischung von Stolz, Ehrgeiz und äußerster Bescheidenheit. Wenn er gefragt wurde: «Wollen Sie nicht Präsident von Indien werden?», sagte er: «Nein. Ich möchte mich selbst zu einem Nichts machen. Aber ich möchte, daß mein Handeln der ganzen Menschheit zugute kommt.»

Als ich selbst in meinem eigenen Leben diesen

Weg einschlug, sagten mir viele meiner Verwandten und Freunde: «Du hast solche Fähigkeiten, solche Aussichten – warum willst du das alles wegwerfen? Hast du denn gar keinen Ehrgeiz?» Wenn sie mir diese Frage heute stellen würden, würde ich antworten, daß ich vorher nicht ehrgeizig war. Darum war ich damit zufrieden, ein Schriftsteller und Literaturlehrer zu sein. Jetzt, in diesem Land äußerst ehrgeiziger Menschen, bin ich einer der Ehrgeizigsten von allen geworden. Ich glaube, daß Sie und ich in unserer kurzen Lebensspanne unsere Straßen sicher machen können und Harmonie in unsere Wohnungen, Einfachheit in unser Leben und Tiefe in unsere persönlichen Beziehungen zu bringen vermögen.

Wenn Sie also damit beginnen, Ihr Leben zu vereinfachen, und die Leute Sie fragen, warum Sie keinerlei Ehrgeiz haben, dann sagen Sie ihnen bitte, daß Sie jetzt erst lernen, was Ehrgeiz ist.

Mache dein Leben zu einem Kunstwerk

Bedeutende religiöse Schriften wie die *Bhagavad Gita* kann man als Handbücher für Künstler betrachten. Ebenso wie die Maler ihre Handbücher über Farbe und Zeichnen studieren, können Sie die *Gita* oder die Bergpredigt als Handbücher des Lebens lesen, die Ihnen helfen, Ihr Leben zu einem makellosen Kunstwerk zu machen.

Dies ist wahrlich die vornehmste Kunst. Wenn Ihr Leben ein Kunstwerk wird, wird Ihre Familie jeden Tag davon profitieren. Selbst wenn Sie die einzige Person in der Familie sind, die solche künstlerischen Hilfsmittel wie die Meditation und das Mantram benutzt, wird Ihr Partner davon ebenso profitieren wie Ihre Kinder, Ihre Freunde und interessanterweise sogar Ihre Feinde.

Ich habe wenige Häuser gesehen, in denen der Hausherr das größte Kunstwerk war. Als ich Gandhis Ashram in Zentralindien betrat, der sich in der Nähe meiner Universität befand, gab es dort nicht einen einzigen Kunstgegenstand – nicht einmal Treibholz. In jenen Tagen war ich sehr kulturell orientiert und suchte nach Schönheit in äußeren Gegenständen aller Art, aber als sich um fünf Uhr abends die Tür des kleinen Hauses öffnete und eine braune, glückselige Gestalt heraustrat, erblickte ich die großartigste Statue, die ich je in meinem Leben gesehen hatte. Das beeindruckendste Gemälde, das mir je unter die Augen gekommen ist, erwachte zum Leben. Ein solches Kunstwerk zu schaffen ist das höchste menschliche Ideal.

Von den drei Harmonien ist die Harmonie mit sich selbst am schwierigsten zu erreichen. Sie ist die Grundlage für die Harmonie mit anderen Menschen und mit der Umwelt. Ich liebe Musik, aber wenn mir jemand von einer großartigen Symphonie erzählt, die er gehört hat, möchte ich sagen: «Ich wünschte, Sie könnten der göttlichen Symphonie lauschen, die ich höre, wenn mein Geist in den Tiefen der Meditation still wird.» Nachdem der heilige Franziskus diese Symphonie aus den Tiefen des Bewußtseins kommen hörte, pflegte er zu sagen: «Wenn es noch ein wenig weitergegangen wäre, wäre mein Leben selbst dahingeschmolzen.»

Teil II

In Harmonie mit anderen Menschen leben

Glück

Einmal fragte ich meine Lehrerin, meine Großmutter, warum ein bestimmter Mann in unserem Dorf niemals glücklich zu sein schien, obgleich er alle Vorzüge des Lebens genoß – er war gesund, hatte eine nette Familie, eine gute Stellung und sogar dichtes, volles Haar. Ihre Antwort war einfach, aber voller Tiefe: «Ein selbstsüchtiger Mensch kann niemals glücklich werden, welche Befriedigungen er auch erfahren möge. Aber», fügte sie hinzu, «das Leben wird dir Freude schenken, wenn du für die Freude anderer lebst.»

Im Zentrum leben

Erst vor wenigen Jahrhunderten glaubten kluge Leute in ganz Europa noch, daß die Sonne, die Sterne und die Planeten um die Erde kreisen. Einige der größten Genies des Westens – Archimedes, Plato, Aristoteles, Dante – waren völlig sicher, daß die Erde das Zentrum der Welt war. Es bedurfte nur eines Mannes, des Kopernikus, um dieser Theorie den Boden zu entziehen.

Heute lernen wir alle im Kindergarten, daß die Sonne, nicht die Erde, das Zentrum des Sonnensystems ist und daß selbst die Sonne nur eine von Milliarden Sonnen in einer Galaxie ist, die wiederum nur eine von Milliarden Galaxien ist. Wenn wir aber in die innere Welt schauen, die ebenso wirklich wie die äußere ist, werden wir zu unserer Bestürzung finden, daß jeder von uns noch glaubt, daß wir das Zentrum der Welt sind. Wenn wir sagen: «Ich liebe dich», ist das, was wir wirklich meinen: «Ich werde alles für dich tun, vorausgesetzt, du akzeptierst, daß ich das Zentrum des Universums bin, und du bleibst in einer ständigen Umlaufbahn um mich und meine Wünsche.»

Als Professor und Meditationslehrer habe ich fünfzig Jahre lang in der Umgebung junger Leute gelebt und hatte viele Gelegenheiten, Julia zu Romeo sagen zu hören: «Alles wird wunderbar sein, wenn du mich nur immer umkreist, weil ich das Zentrum des Universums bin.» Und Romeo antwortet: «Gewiß, meine Süße, so lange du *mich* immer umkreist, weil *ich* das Zentrum des Universums bin.» Die meisten der Probleme, mit denen uns die Welt heute konfrontiert, entstehen, weil wir, unsere Firma oder unsere Nation an der Peripherie des Lebens existieren, aber versuchen, den Rest der Welt sich um uns drehen zu lassen.

Der menschliche Geist ist jedoch ein Präzisionsinstrument, das im Lauf vieler Jahrzehnte darauf trainiert werden kann, das Zentrum des Lebens zu erreichen. Während Sie allmählich die echten Bedürfnisse der Menschen in Ihrer Umgebung verstehen lernen, werden Sie dem Kopernikus nicht unähnlich sein, der zu unserem Vorteil entdeckt hat, daß die Erde sich nicht im Zentrum des Sonnensystems befindet. Sie werden entdecken, daß das individuelle Ich niemals das Zentrum des Universums sein kann. Es ist das in den Herzen aller Menschen wohnende *Selbst*, welches das Zentrum bildet.

Sie werden einige der Worte verstehen, die von großen Mystikern gebraucht werden, um Gott zu beschreiben. Plotin zum Beispiel nennt Gott «das Eine». Er sagt nicht «Höchste Wirklichkeit» oder «das Klare Licht», sondern einfach «das Eine»: «So bewegen wir uns immer um das Eine herum. Wenn wir es nicht täten, würden wir uns auflösen und aufhören zu existieren – aber wir blicken nicht immer in die Richtung des Einen.» Es ist Gott, der das Zentrum bildet, und dieses Zentrum befindet sich in den tiefsten Tiefen unseres Bewußtseins.

Sturmfenster

Ich habe von meinen Freunden an der Ostküste und im Mittleren Westen gehört, daß die Leute zu Beginn jedes Winters für die Installation von Sturmfenstern sorgen. Diese zusätzlichen Glasscheiben schützen ihre Häuser gegen die schneidenden Winde, die von der Arktis her wehen. Wir tun etwas sehr Ähnliches zum Schutz unseres Geistes, indem wir Meditation und die zu ihr gehörigen Übungen praktizieren, besonders jene Übung, die ich «Andere an die erste Stelle setzen» nenne, d.h., bevor wir an unsere eigenen Bedürfnisse denken, kümmern wir uns um die Bedürfnisse anderer Menschen.

Obgleich den Mystikern oft vorgeworfen wird, sie hätten eine übertrieben sonnige Meinung von der menschlichen Natur, sind sie – was die Natur des Lebens anbelangt – tatsächlich die realistischsten, ja die ausgebufftesten Leute. Das Leben, sagen sie, kennt keine Gnade für schwache Menschen. Das Leben achtet nur diejenigen, die genug innere Stärke haben, um seinen wildesten Stürmen zu widerstehen.

Der Mitfühlende Buddha lehrte, daß wir diese innere Stärke durch Übung des Geistes erwerben können. Er gebrauchte ein lebhaftes Bild: «Wie der

Regen in eine schlecht überdachte Hütte rinnen wird, so sickert die Leidenschaft in einen ungeübten Geist.» Mit seiner Neigung, schwer verständliche Wahrheiten in einfachen Begriffen mitzuteilen, bezog er sich auf eine Erfahrung, die seinen Zuhörern nur zu vertraut war. Wenn der Monsunregen einsetzte, bot ein schlecht gedecktes Dach keinen Schutz gegen die Fluten, und das Wasser ergoß sich direkt in die Hütte, verwandelte den Fußboden in Schlamm und brachte Kälte und Krankheit für die ganze Familie. Ähnlich, sagt der Buddha, kann ein schlecht trainierter Geist, der von Gedanken der Geltung und des persönlichen Vorteils beherrscht wird, uns nicht mehr vor der Welle von Frustration und Groll schützen, die uns überrollt, wenn uns das Leben mit Dingen konfrontiert, die uns mißfallen.

Im Gegensatz dazu macht uns allen selbst der wildeste aller Stürme nichts aus, wenn wir in einem soliden Gebäude mit starkem Dach am Feuer sitzen. Draußen mag es wie aus Eimern gießen, aber drinnen sind wir sicher und trocken. Der Buddha verspricht, daß wir alle in unserem Inneren solche Sicherheit und Behaglichkeit finden können: «Wie der Regen nicht in eine Hütte mit einem festen Dach rinnen kann, so kann die Leidenschaft nicht in einen gut trainierten Geist dringen.» Wenn Sie in der Praxis der Meditation gefestigt sind und gelernt haben, sich nicht so sehr auf das zu konzentrieren, was Ihnen persönlich Vorteile bringt, sondern auf das, was für alle Menschen in Ihrer Umgebung förderlich ist, werden Sie im Haus Ihres Geistes Sturmfenster installiert haben. Draußen kann es stürmen, stürmen, stürmen. Drinnen werden Sie jedoch sicher sein. Die Mißgeschicke des Lebens werden nicht mehr in der Lage sein, Ihre Sicherheit oder Ihr Mitgefühl zu berühren.

Aus dem Acht-Punkte-Programm

Andere an die erste Stelle setzen

Die ausschließliche Beschäftigung mit uns selbst errichtet eine Mauer zwischen uns und den anderen. Diejenigen, welche nur an *ihre* Bedürfnisse, *ihre* Wünsche, *ihre* Pläne, *ihre* Ideen denken, können nicht verhindern, einsam und unsicher zu werden. Das einfache, aber wirksame Verfahren, das ich empfehle, ist es zu lernen, andere Menschen an die erste Stelle zu setzen. Beginnen Sie mit Ihrer Familie und Ihrem Freundeskreis, wo es schon eine Basis der Liebe gibt, worauf Sie aufbauen können. Wenn beispielsweise Ehemann und Ehefrau versuchen, sich gegenseitig an die erste Stelle zu setzen, kommen sie einander nicht nur näher, sondern reißen auch die Schranken ihres Ich-Gefängnisses ein, was ihre Beziehung zu allen anderen ebenfalls vertieft.

Im Geist die Kanäle wechseln

Oft, wenn ich die spirituelle Übung des Voranstellens anderer erkläre, stellt jemand eine sehr unverschämte Frage: «Fordern Sie mich auf, ein Fußabtreter zu werden?»

Absolut nicht. Es ist nicht erstrebenswert, die Leute auf uns herumtrampeln zu lassen – weder für uns noch für sie. Dem muß man sich widersetzen, aber man kann sich sehr sanft und dennoch sehr entschieden widersetzen.

Das ist die Art des sanften, gewaltlosen Widerstandes, die mit der Praxis dieser spirituellen Übungen einhergeht. Glauben Sie nicht, daß ich es nicht merke, wenn jemand grob zu mir ist (was selten vorkommt). Ich sehe die Grobheit, aber durch langjährige Übung habe ich die Kunst gelernt, Widerstand zu leisten, ohne es zu vergelten, aber auch ohne zurückzuweichen.

Zunächst mag dies unmöglich erscheinen. Wenn Ihnen jemand auf die Zehen tritt, ist es nur natürlich, zornig zu werden und gegen den Betreffenden losschlagen zu wollen. Dann ist das Mantram Ihr wertvollster Verbündeter. Sobald Sie Zorn oder Groll empfinden, beginnen Sie, das Mantram zu wiederholen. Gehen Sie, wenn es möglich ist, für einen kurzen Spaziergang nach draußen, während

Sie es wiederholen. Der Rhythmus des Mantrams wird mit dem Rhythmus Ihrer Schritte verschmelzen, was gleichzeitig den Rhythmus Ihres Atems beruhigen wird, der wiederum in enger Beziehung zum Rhythmus Ihres Denkens steht. Es kann ein harter Kampf sein, aber am Ende werden Sie feststellen, daß Ihre zornigen Gedanken durch das Mantram ersetzt worden sind. Sie werden in der Lage sein, klar und mitfühlend über die Situation nachzudenken, und in einer Weise reagieren, die nicht nur der anderen Person hilft, ihr Bewußtsein zu entwickeln, sondern Sie ihr auch näherbringt.

Wenn Sie etwas Übung darin haben, werden Sie in der Lage sein, Ihr Mantram dazu zu verwenden, die Kanäle in Ihrem Geist ebenso einfach zu wechseln wie die Kanäle in Ihrem Fernsehapparat. Vor einigen Jahren wurde ich von einem Freund mit einem Gerät bekannt gemacht, das mir inzwischen ganz vertraut geworden ist: einer TV-Fernbedienung. Ich genoß es sehr, auf meinem Stuhl sitzen zu können und, wenn *Conan der Barbar* erschien, den Knopf zu drücken und den Kanal zur Verfilmung von Jane Austens Roman *Stolz und Vorurteil* zu wechseln.

Menschen, die in einer hochgradig wissenschaftlichen und technologischen Kultur aufgewachsen sind, werden daran nichts Besonderes finden. Obgleich keine sichtbare Verbindung zwischen der Fernbedienung und dem Fernseher besteht, funktioniert es. Wenn ich Conan, den Terminator oder Dracula nicht sehen will, muß ich mich nicht mit ihnen abfinden. Ich kann einfach zur Fernbedienung greifen und sie durch Elizabeth Bennet oder Emma Woodhouse ersetzen.

Ebenso ist es mit dem Mantram. Den indischen Mystikern zufolge gibt es sechs negative Kanäle im Geist: Lüsternheit, Zorn, Habgier, Hochmut, Verblendung und Bösartigkeit. Für jeden negativen Kanal gibt es auch einen positiven Kanal. Wenn Sie den Zorn in seinem Bärenfell auf dem Bildschirm erscheinen sehen, wie er einen Knüppel schwingt und Sie zur Vergeltung drängt, können Sie Ihr Mantram herausziehen und den Kanal auf Mitgefühl und Verständnis umschalten. Wenn die Habgier sich vordrängt wie ein Spekulant mit greller Krawatte und einem ungedeckten Scheck in der Hand, können Sie sie umwandeln in Freigebigkeit und den leidenschaftlichen Wunsch, etwas für die Welt beizusteuern. Die Beherrschung dieser Kunst verschafft Ihnen eine Sicherheit, die nichts erschüttern kann.

Zuhören

Um Ihre Beziehungen zu anderen Menschen zu vertiefen, sind wenige Fähigkeiten so wertvoll wie die Kunst, sich ruhig und aufmerksam Meinungen anzuhören, die Ihren eigenen widersprechen. Normalerweise fällt uns solches Zuhören extrem schwer.

Obgleich wir uns als reif und erwachsen betrachten, denken die meisten von uns tief im Inneren noch immer, daß jede Ansicht, die wir haben, die letzte Wahrheit ist. Wir scheinen vielleicht zuzuhören, aber in unseren Herzen denken wir: «Das ist nicht das, was ich denke, wie also kann es wahr sein?»

Psychologisch gesprochen identifizieren wir uns mit unseren Ansichten – wir denken, wir *sind* unsere Ansichten. Wie viele Ehen sind deswegen zerbrochen? Wie viele Freundschaften? Wie viele Nationen ziehen aufgrund dieser einen falschen Identifikation in den Krieg und opfern Tausende unschuldiger Leben?

Durch die Meditation, die Sie befähigt, Abstand zu gewinnen, können Sie die wunderbare Entdeckung machen, daß Sie nicht Ihre Ansichten sind. Sie werden fähig sein, sich entgegengesetzte Standpunkte mit echtem Respekt und Sympathie anzuhören, ohne dadurch verunsichert zu werden.

Es gehören immer zwei dazu

Wie man in meiner Muttersprache sagt: «Es gehören zwei zum Heiraten und es gehören zwei zum Streiten.» Wenn es Ihnen gelungen ist, Ihren Denkprozeß zu verlangsamen und Ihren Geist einigermaßen zur Ruhe zu bringen, werden Sie, auch wenn jemand mit Ihnen streiten will oder Sie sogar beschimpft, sich nicht in den Streit verwickeln lassen. Wie George Bernard Shaw in seiner mephistophelischen Art sagte: Welchen Zweck hat es, einen Mann zu hängen, der nichts gegen das Gehängtwerden hat?

Manchmal habe ich es «Sticheln» nennen hören. In einem gewissen Alter sticheln vor allem Kinder gerne gegen ihre Eltern. Aber ein solches Verhalten ist nicht allein auf Kinder beschränkt. Viele Leute streiten nur, um Sie zu provozieren, um zu zeigen, daß Sie genauso unreif sind wie sie selbst. Wenn Sie ihnen sanft, aber entschieden widersprechen, merken sie, daß es keinen Zweck hat, gegen Sie zu sticheln. Was die meisten von uns nicht merken, ist, daß wir selbst es zulassen, daß man gegen uns stichelt. Wenn Sie zeigen, daß Sie nichts damit zu tun haben wollen, ist dies das Ende jeder Stichelei.

Ich kann auf meine eigene Rechnung ein Beispiel beisteuern. An einer Universität ist es nicht ungewöhnlich, ernste Meinungsverschiedenheiten zu haben, welche dann auch lebhaft zum Ausdruck gebracht werden, da einem typischen Akademiker ein großer Fundus an Worten zur Verfügung steht. Als ich an einer Universität in Indien lehrte, hatte ich einen Kollegen, der meine Ansichten über praktisch jedes Thema zum Streitpunkt machte. Sobald ich ihn ins Kollegium kommen sah, pflegte ich aufzustehen und mich so weit wie möglich wegzusetzen. Dies provozierte ihn nur dazu, weitere ärgerliche Behauptungen aufzustellen und dafür zu sorgen, daß ich sie mithörte. Durch mein Verhalten drückte ich aus: «Ich fürchte mich davor, was du sagen wirst. Ich kann deiner Kritik nichts entgegensetzen.»

Dann dämmerte es mir. «Ich bin jetzt in der Meditation geübt. Warum soll ich meine Fortschritte nicht auf die Probe stellen?» Ich nahm all meinen Mut zusammen, und als ich ihn das nächste Mal sah, ging ich zu ihm und setzte mich neben ihn.

Er starrte mich ungläubig an. Es macht mir nichts aus zuzugeben, daß ich innerlich zitterte. Ich wiederholte still mein Mantram und sagte dann: «Lassen Sie mich die Ansichten hören, die Sie neulich mit solcher Aufrichtigkeit geäußert haben.» Er war erstaunt, brauchte aber keine zweite Einladung. Dies war seine Chance. Manche meiner Kollegen legten ihre Bücher und Vorlesungsnotizen weg und versammelten sich um uns, begierig, die Schlacht zu sehen. Mein Kontrahent legte los.

Dann wendete sich das Blatt. Ich entdeckte plötzlich, daß seine Kritik meinen Geist gar nicht berührte. All meine Meditation hatte sich ausgezahlt. Als er zum Ende seines Vortrages kam, sagte ich danke und ging. Er machte nie wieder solche Bemerkungen.

Wenn Sie Ihre Ansicht wirklich prüfen wollen, packen Sie sie aus und legen Sie sie vor Ihren Gegnern auf den Tisch. Sie werden auf ihr herumtrampeln und sogar herumtanzen. Wenn sie damit fertig sind und sie zerfetzt ist, ist sie es nicht wert, beibehalten zu werden.

«Ich liebe mich»

Manchmal, wenn ich sehe, wie jene riesigen fahrbaren Häuser auf der Autobahn transportiert werden, die rote Fahnen mit der Aufschrift «SCHWERTRANSPORT» am Heck haben, werde ich an manche Leute erinnert, die ich getroffen habe und denen ich mit meiner Methode helfen konnte. Aufgrund der Betonung des Wettstreits und des «Ausschauhaltens nach der Nummer eins» heutzutage haben Millionen von guten Menschen einen derartigen Egoismus entwickelt, daß sie gleichsam rote Fahnen an ihrem Gürtel tragen müßten. Sie behindern deine Weiterfahrt; sie machen weiträumige Wendemanöver; sie greifen über auf deine Spur. Wenn man sie kommen sieht, wechselt man die Spur, um so weit wie möglich von ihnen wegzukommen.

Es gibt ein großartiges Beispiel dafür in *Stolz und Vorurteil* in der Szene, als Mr. Collins sich Elizabeth erklärt. Wenn ich diesem außerordentlichen Gespräch lausche, höre ich einen höchst amüsanten Dialog. Mr. Collins sagt: «Ich möchte, daß Sie mich heiraten.» Elizabeth fragte: «Warum?», und Mr. Collins antwortet: «Weil ich mich liebe.»

Wenn Sie Gesprächen zwischen angeblich Liebenden lauschen, werden Sie in vielen Fällen folgendes hören: «Ich möchte in dieses bestimmte Restaurant gehen, weil ich mich so sehr liebe.» «Ich bestehe darauf, dieses bestimmte Theaterstück zu sehen, weil ich über beide Ohren in mich verliebt bin.» Wenn beide Beteiligten in der Weise denken und handeln, kann ein Gefühl bestimmt nicht entstehen: die Liebe.

Niemand von uns braucht entmutigt zu sein, wenn wir in uns einen hohen Grad an Egoismus feststellen. Es ist die ureigenste Tendenz der modernen Zivilisation, den Egoismus in Millionen von Erscheinungsformen aufzublähen, mögen sie auch noch so unbedeutend sein. Es liegt einfach an der Konditionierung unserer Zeit, daß wir glauben, glücklich zu sein, wenn wir uns durchsetzen können. «Vielleicht für eine kleine Weile», sagen die Mystiker, «aber nicht für lange.»

Dies ist nicht Metaphysik, sondern praktische Psychologie. Wenn Sie einen geübten Blick haben, können Sie selbst in einem Raum voller Fremder leicht erkennen, mit wem es sich gut zusammenleben läßt, mit wem es Schwierigkeiten gibt und mit wem das Zusammenleben völlig unmöglich ist. Wirklich liebevolle Menschen drücken auf unterschiedlichste Art und Weise unbewußte Zärtlichkeit aus. Sie brauchen keine Karten zu verschicken oder «Ich liebe dich» über den Himmel zu schreiben. Fragen Sie sich einfach: «Bin ich fähig, für die Person, der ich sage, daß ich sie liebe, auf mein eigenes Vergnügen zu verzichten?» Wenn ja, sind Sie ein wahrhaft Liebender.

Die Schwierigkeiten zwischen Romeo und Julia könnten auf ein Minimum reduziert werden, wenn Romeo Julia an die erste Stelle setzt, und Julia Romeo. Das ist das wahre Geheimnis romantischer Beziehungen. Je höher der Grad des Egoismus ist, desto höher wird auch der Grad der Erregung sein und desto niedriger der Grad der Erfüllung. Umgekehrt läßt sich sagen: Je niedriger der Grad des Egoismus ist, desto weniger Aufregung wird es geben und um so liebevoller wird die Beziehung sein. Und wenn Sie jemals jemandem begegnen, dessen Handeln nicht vom Egoismus bestimmt wird, werden Sie den größten Liebenden auf der Erde entdeckt haben, mit dem zu leben eine Freude sein wird. Mit einem solchen Menschen wird alles in Ihnen in Liebe und Schönheit aufblühen.

Liebevolle Menschen sind nicht wie fahrbare Häuser. Sie sind mehr wie Kleinstwagen, die Ihnen gerne ihre Spur freimachen und sagen: «Wir machen Platz; fahren Sie zu.» Nach der Lehre Jesu sind von dieser Art die Menschen, die im Himmel leben. Sie empfangen eine Menge Freude dadurch, daß sie andere Menschen an die erste Stelle setzen. Wenn es einen solchen Menschen in der Familie gibt, werden die übrigen Angehörigen seinem Beispiel allmählich folgen, und in das Haus wird nach und nach Harmonie einkehren.

Entwickle deine Fähigkeit zu lieben

Einer der Gründe, warum wir heute mit so vielen zwischenmenschlichen Problemen konfrontiert werden, ist, daß jeder ständig dazu ermutigt wird, sich völlig auf sich selbst zu konzentrieren. Wenn Sie derartig auf sich selbst fixiert sind und sich stets nur mit Ihrem privaten Vorteil und persönlichen Vergnügen beschäftigen, verlieren Sie Ihre Flexibilität. Ein kleines Klopfen an der Tür explodiert wie ein Pistolenschuß. Ein kleines Knacken der Knöchel klingt wie ein Maschinengewehr.

Wenn Sie dagegen stufenweise Ihre Liebesfähigkeit entwickeln, indem Sie zunächst mit Ihrer Familie beginnen, sie aber schließlich auf Ihr Land und sogar auf die ganze Welt einschließlich der Vögel in der Luft und der Tiere auf dem Feld ausdehnen, werden Sie sich sehr sicher fühlen. Wenn jemand etwas gegen Sie sagt oder etwas tut, das Ihnen schadet, werden Sie Mitleid mit ihm empfinden. Nicht, daß Sie es nicht merken oder es stillschweigend erdulden werden. Sie werden sich jedoch innerlich so sicher fühlen, daß Ihre Liebe durch nichts berührt wird, was man sagt oder tut. Anstatt zu vergelten, werden Sie fähig sein, die «sanfte Antwort, die den Groll abwendet», zu geben.

Eine solche Haltung ist wunderbar ansteckend. Menschen – besonders Kinder – lernen durch Osmose. Denken Sie nicht, Kinder seien so naiv, wie sie oft dargestellt werden. Wenn der kleine Johnny Sie mit seinen neckischen Augen anblickt oder die kleine Emily ihren Kaugummi platzen läßt, durchschauen sie Sie unmittelbar. Und sie nehmen auf, was sie sehen.

Ich hörte einmal eine Geschichte von einem Mynah-Vogel, der ein sehr störendes Husten entwickelte. Sein Besitzer brachte ihn zum Tierarzt, der sich das Husten des Mynahs anhörte und dann zu dem Besitzer sagte: «Lassen Sie mich Ihren Husten hören.» Es war der gleiche Husten. Also sagte der Arzt: «Sie werden Ihren Husten überwinden, und der Mynah-Vogel wird Ihren Husten ebenfalls überwinden.» Ähnlich sollten wir uns, wenn wir wollen, daß unsere Kinder sicher und liebevoll aufwachsen, von Profit und Vergnügen abwenden und uns darauf konzentrieren, die Menschen in unserer Umgebung an die erste Stelle zu setzen.

Das ist es, wodurch eine Wohnung schön wird. Ich schätze die Schönheit, aber wenn ich ein Haus betrete, lasse ich mich nicht von teuren Möbeln, exotischer Kunst und eleganten Gärten beeindrukken. Denn es sind nicht diese Gegenstände, die einer Wohnung Schönheit verleihen. Wenn ich aber eine Familie sehe, die in Harmonie lebt, in der jeder die Bedürfnisse des anderen an die erste Stelle setzt, dann sage ich mir: Was für ein schönes Haus! Das ist meine Vorstellung von einem schönen Zuhause – wo der Vater, die Mutter und die Kinder sich immer an ihre Zusammengehörigkeit erinnern, wo sie sich von ihren eigenen persönlichen Zielen, ihrem eigenen Vergnügen und Vorteil abwenden, um gemeinsam für ein höheres Ziel zu arbeiten. Es ist nicht leicht, ein solches Zuhause zu schaffen, aber es wird den Eltern, den Kindern und sogar den Haustieren ermöglichen zu gedeihen.

Familienyoga

Die leben in Weisheit, die sich in allem sehen und alles in sich…

Bhagavad Gita

Bei aller Schwierigkeit, unseren Lebensstil zu ändern, finden es die meisten von uns doch leichter, in Harmonie mit der Natur zu leben als mit all den anderen Menschen in unserer Umgebung. Ich erinnere mich an einen Cartoon, wo ein Mann sagt: «Ich liebe die Öffentlichkeit… Es sind allein die Leute, die ich nicht ausstehen kann.»

Manchmal nenne ich mein Acht-Punkte-Programm «Familienyoga». Niemand muß in eine Berghöhle gehen, um sich in der Meditation zu üben. Wir können unser Bestes geben, dem Abenteuer der Selbstentdeckung durch Meditation nachgehen und unseren Beitrag zum Wohl der Welt leisten, während wir inmitten unserer Familie und unserer Freunde leben und all die unschuldigen Freuden des Lebens genießen.

Wenn die Meditation sich vertieft, ist es in der Tat gut, Ihre liebevollen Beziehungen auf weitere Personen auszudehnen, um mehr und mehr Menschen einzubeziehen. Ich lebe in einer sehr großen Familie von Freunden, die Menschen unterschiedlichster Altersstufen, Abstammungen und Lebensläufe umfaßt, und ich stehe mit jedem in sehr enger Beziehung. Eine der großen Freuden des spirituellen Lebens ist die Möglichkeit, Ihre Familie wachsen zu sehen, so daß sie Ihre Nachbarn, Ihre Gemeinde und schließlich die ganze Welt in sich einschließt.

Einmal wurde Mahatma Gandhis Frau gefragt, wie viele Kinder sie habe, und sie sagte: «Ich habe nur vier Kinder, aber mein Mann hat vierhundert Millionen.» Für uns bedeutet das, daß niemand kinderlos ist. Alle Kinder der Welt sind unsere Kinder. Jeder, der etwas tut, um der Zukunft der Erde zu schaden, fügt seinen eigenen Kindern Schaden zu.

Das letzte Ziel des spirituellen Lebens ist die Erkenntnis, daß es zwar fünf Milliarden Menschen auf der Erde gibt, aber nur ein *Selbst.* Diese Erkenntnis öffnet eine immerwährende Quelle der Liebe in Ihrem Herzen. Sie sehen sich in allen und alle in sich selbst. Wenn irgendein Kind hungrig ist, sei es in Afrika, in Asien oder in Ihrem eigenen Land, wird Ihre Liebe eine Flut von Energie und Kreativität auslösen, um diesen Hunger erleichtern zu helfen.

Aus dem Acht-Punkte-Programm

Spirituelle Gemeinschaft

Das Sanskritwort für spirituelle Gemeinschaft ist *satsang*, was bedeutet: «Verbindung mit Menschen, die spirituell gesinnt sind.» Wenn wir versuchen, unser Leben zu ändern, brauchen wir die Unterstützung anderer, die das gleiche Ziel haben.

Wenn Sie Freunde haben, die im Sinne der von mir nahegelegten Prinzipien meditieren, können Sie regelmäßig zusammenkommen, um gemeinsam zu essen, zu meditieren und vielleicht ein inspirierendes Buch laut zu lesen. Teilen Sie auch Ihre Vergnügungen miteinander; Entspannung ist ein wichtiger Teil des spirituellen Lebens.

Eine der lobenswertesten Formen der spirituellen Gemeinschaft ist es, zusammen für ein selbstloses Ziel wie die Linderung des Hungers oder den Schutz der Umwelt zu arbeiten. Wo immer Menschen für ein solches Ziel gemeinsam arbeiten, ohne irgendeine Belohnung oder Anerkennung zu erwarten, werden ihre individuellen Fähigkeiten vermehrt und verstärkt. Sie lösen einen Prozeß von unwiderstehlicher Kraft aus, der, auch wenn wir es vielleicht nicht sehen, die Welt verändern wird.

Impfung gegen Depression

Liebt eure Feinde und bittet für die, die euch verfolgen; segnet, die euch fluchen; tut wohl denen, die euch hassen und bittet für die, die euch beleidigen und verfolgen; damit ihr Kinder seid eures Vaters im Himmel.

Jesus, Bergpredigt

Soviel ich weiß, gibt es keine größere Befriedigung, als einen Feind als Freund zu gewinnen. Darum sagt Jesus, als er uns in der Bergpredigt vor solche Herausforderungen stellt: «Tut wohl denen, die euch hassen.» Solche Worte sind nicht dafür gedacht, in frommem Ton von der Kanzel deklamiert, sondern draußen in den großen und kleinen Stürmen und Gewittern, mit denen das Leben uns alle konfrontiert, gelebt zu werden.

Wenn jemand Ihre Gefühle verletzt oder Ihre Lieblingsmeinung mit Füßen tritt, dann ist das ein Test. Jesus würde sagen: «Laß uns sehen, was du wagst! Sei gut zu denen, die dir schaden – laß uns deinen Mut sehen!»

Ich empfehle immer, daß Sie so viele Beziehungen wie möglich pflegen und mit anderen spirituell gesinnten Menschen zusammenarbeiten. Dann werden Sie eine Menge Gelegenheiten haben, einander zu helfen, anstatt immer nur dafür zu sorgen, daß es Ihnen gutgeht.

Eine solche Gelegenheit hatte ich in meiner Jugend durch das Vorbild meiner Lehrerin, der Mutter meiner Mutter. Ihr Genie bestand in ihrer Fähigkeit, immer über die Freude und das Wohlbefinden aller Menschen in ihrer Umgebung sich selbst zu vergessen – darin fand sie ihre vollkommene Erfüllung. Dies ist das einzig wirksame Heilmittel gegen Depressionen.

Es ist ein Rezept, das von jedem echten spirituellen Arzt stammen könnte. Wenn Sie sich allein um sich selbst und Ihre persönlichen Befriedigungen kümmern, wird Sie die erste Enttäuschung in Depressionen stürzen. Wenn Sie sich aber darin schulen, mehr und mehr an die Bedürfnisse aller Menschen in Ihrer Umgebung zu denken und mit ihnen zusammenzuarbeiten, auch wenn sie nicht immer angenehm sind, werden Sie sich gegen Depressionen immun machen und anderen helfen, dasselbe zu tun.

Dharmaputra und sein Hund

Es gibt eine Geschichte aus der indischen Tradition, die das Mitgefühl für alle Geschöpfe – den Grundton der spirituellen Ökologie – schön veranschaulicht. Einst lebte ein König namens Dharmaputra, welcher der Inbegriff von Tugend und Mitleid war. Als für ihn die Zeit kam, seinen Körper zu verlassen, fuhr er in Begleitung eines Hundes in den Himmel. Als er das Himmelstor erreichte, schlug das indische Pendant zum heiligen Petrus seinen Namen nach. «Wir wollen mal sehen… Dharmaputra. Ja, wir haben Anweisung, Sie einzulassen. Aber wir haben keine Eintragung für einen Hund.»

«Würden Sie bitte noch einmal nachsehen?» bat Dharmaputra.

Also prüfte Petrus die Vorschriften ein weiteres Mal und sagte: «Es tut mir leid, aber hier sind keine Hunde vorgesehen.»

Dharmaputra zögerte nicht. «Dieser Hund liebt mich», sagte er. «Wohin ich gehe, dahin geht er auch, daher muß ich ihn mitnehmen.»

Petrus studierte erneut alle einschlägigen Unterlagen. «Vorschriften sind Vorschriften», sagte er schließlich. «Entweder Sie treten alleine ein, oder Sie müssen wieder zurück.»

Dharmaputra rührte sich nicht. Er sagte einfach: «Wenn ohne Hund, dann auch ohne mich.»

Da geschah ein Wunder. Plötzlich stand anstelle des Hundes Sri Krishna, der Herr der Liebe, an Dharmaputras Seite. Petrus öffnete das Tor, und als Dharmaputra den Himmel betrat, beugte sich in meiner Version der Geschichte Sri Krishna zu ihm hinüber und flüsterte: «Das haben wir gerade noch geschafft, was?»

Kleine Geschichten wie diese können uns daran erinnern, stets Mitgefühl mit unseren Mitgeschöpfen zu haben, indem wir erkennen, daß in ihnen das gleiche *Selbst* wie in uns lebt. Das ist die Basis für eine Veränderung, die ich sehr oft empfehle – sich eine vegetarische Ernährungsweise anzugewöhnen. Eine gesunde, wohlschmeckende Kost aus frischem Gemüse, Früchten, Körnern und Nüssen zu genießen ist ein guter Weg, Ihre Gesundheit zu verbessern, die Regenwälder auf der Erde zu schützen und Ihre Liebe zu allen Geschöpfen auszudrükken.

Für einen spirituellen Ökologen ist jedes Geschöpf heilig. Wir können eine Menge für die Erde tun, indem wir unsere Kinder mit Geschichten wie dieser bekanntmachen und ihnen helfen, liebevolle Beziehungen zu Säugetieren und Vögeln zu pflegen. Es kommt ihnen zugute, und es kommt auch den Tieren zugute.

Eine kleine Geste

Egoismus drückt sich oft in kleinen, aber ausgeprägten Vorlieben und Abneigungen aus, die die Harmonie unserer Beziehungen stören, selbst wenn wir und die Anwesenden es uns nicht bewußt machen. Wenn wir lernen, unseren Egoismus zu reduzieren und ein wenig mehr auf die Bedürfnisse anderer zu achten, können wir auf eine sehr subtile Art Harmonie herstellen.

Als ich noch an meiner Universität in Indien lehrte, wurde mir das durch eine kleine Episode deutlich. Während meiner Laufbahn als Lehrer hatte ich eine besondere Vorliebe für die Wandtafel; ich kam stets früh in den Unterrichtsraum und füllte die Tafel mit Aufgaben und schwerverständlichen Vokabeln in Sanskrit und Englisch. Unglücklicherweise benutzte das englische Institut in Nagpur ziemlich kleine Wandtafeln, weshalb ich das Institut für Physik ins Auge faßte, das die größten Tafeln auf dem Campus besaß. Ich trat in Kontakt mit der Physik-Fakultät, und jemand erlaubte mir dort freundlicherweise, seinen Vortragssaal zu benutzen.

Die Wandtafel bot viel Platz, und ich war damit ganz zufrieden – bis auf eine Sache. Unter der Tafel befand sich eine Rinne für die Kreide. Jeden Tag, wenn ich den Raum betrat, fand ich die Kreide am äußersten linken Ende dieser Rinne liegen. Da ich Rechtshänder bin, legte ich die Kreide nach rechts und ließ sie dort liegen, wenn ich nach dem Unterricht den Raum verließ.

Ich dachte nicht viel darüber nach. Jeden Tag, wenn ich kam, sagte ich zu mir selbst: «Warum muß dieser Bursche die Kreide immer auf die linke Seite legen?», und tat sie wieder nach rechts. Am Ende nahmen sogar die Studenten daran Anteil und ergötzten sich an unserem kleinen Streit.

Da kam mir eines Tages die Idee, daß mein Gegenspieler aus der Physik Linkshänder sein mußte. Ein paar Tage lang ließ ich die Kreide auf der linken Seite liegen. Und zu meiner Überraschung fand ich sie von da an sorgfältig für mich in der rechten Ecke bereitgelegt.

Manchmal bedarf es nur einer kleinen Geste, ein wenig zusätzlicher Aufmerksamkeit, um eine belebende Harmonie in unser Leben zu bringen.

Vorlieben und Abneigungen

Als der Sohn eines meiner Freunde ein kleiner Junge war, mochte er keine Zucchini. Das war ein Problem, da Zucchini reichlich in unserem Garten wuchsen und eine Hauptrolle bei unseren Mahlzeiten spielten. Als wir über Fußball sprachen, was seine Leidenschaft war, fragte ich ihn also: «Angenommen, Gott würde in diesem Augenblick vor dir erscheinen, was würdest du sagen?»

«Ich möchte ein Fußballstar sein, Gott.»

Ich sagte: «Angenommen, Gott verspricht dir: ‹Wenn du jeden Tag Zucchini ißt, werde ich dich zum Pelé von Kalifornien machen.›»

Für einige Augenblicke tobte in dieser jungen Brust ein Titanenkampf. Schließlich meinte er: «Ich würde sagen: ‹Danke, Herr… Ich kann keine Zucchini essen.›»

Unglücklicherweise sind die Eßgewohnheiten der meisten Erwachsenen auch nicht vernünftiger. Mein Freund Brian, ein Experte für Ernährung, sagt, für viele Leute sei das Hauptproblem bei der Ernährung nicht, daß sie nicht wüßten, was gut für ihren Körper ist, sondern daß sie, wenn es Zeit zum Essen ist, nicht den Willen aufbringen und nicht wählerisch genug sind, die richtige Entscheidung zu treffen.

Ich habe für jeden Menschen in dieser Situation großes Mitgefühl und möchte Ihnen nochmals versichern: Unsere Sinne können darauf trainiert werden, uns sehr treu zu dienen, so daß wir genießen, was gut für den Körper und die Erde ist, und verdächtigeren Nahrungsmitteln gegenüber eine gesunde Vorsicht walten lassen. Der Schlüssel zu solcher Meisterschaft besteht darin, den Geist darauf zu trainieren, mühelos mit seinen Vorlieben und Abneigungen zu jonglieren. Dies wird durch tägliche Übung erreicht.

Aus dem Acht-Punkte-Programm

Die Sinne trainieren

Bei der Nahrung, die wir essen, den Büchern und Zeitschriften, die wir lesen, den Filmen, die wir uns anschauen, sind wir alle der Diktatur strenger Vorlieben und Abneigungen unterworfen. Um uns von dieser Konditionierung zu befreien, müssen wir lernen, unsere Vorlieben und Abneigungen frei zu ändern, wenn es im Interesse der Menschen in unserer Umgebung oder unser selbst ist. Was wir essen, sollten wir zum Beispiel eher danach auswählen, was unser Körper braucht, als danach, was die Geschmacksnerven verlangen.

Ähnlich ernährt sich auch der Geist durch die Sinne. Im Zeitalter der Massenmedien müssen wir sehr wählerisch sein bei der Auswahl dessen, was wir lesen und was wir uns zur Unterhaltung ansehen; denn wir werden zum Teil das, was unsere Sinne aufnehmen.

Jonglieren

Ich weiß aus eigener Erfahrung ein wenig über das Jonglieren. Als ich die Oberschule besuchte, war ich ein gescheiter Schüler und hatte es satt, meine Klassenkameraden Dinge sagen zu hören wie: «Alles, was er kennt, sind Bücher» oder: «Statt Blut hat er Tinte in den Adern» und andere solche Dinge. Ich fragte meine Großmutter, und sie sagte: «Warum lernst du nicht Jonglieren?» Also nahm ich zwei Zitronen und begann.

Wenn Sie jemals zu jonglieren versucht haben, werden Sie wissen, daß es selbst mit nur zwei Zitronen sehr viel schwerer ist, als es aussieht. Sobald die Zitronen einmal in Bewegung sind, scheint es, als würden Sie nicht mit zwei, sondern mit zweiundzwanzig Zitronen jonglieren. Aber ich übte weiter, und als ich die zwei beherrschte, fragte meine Großmutter: «Warum fügst du nicht eine weitere hinzu?» Als ich schließlich meine neue Kunstfertigkeit offenbarte, waren meine Klassenkameraden erstaunt.

Ähnlich werden Sie, wenn Sie wirklich lieben, eine Menge Freude daran haben, Ihren Partner, Ihre Familie oder Ihre Freunde in Erstaunen zu versetzen, indem Sie mühelos mit Ihren Vorlieben und Abneigungen zu jonglieren verstehen.

Wenn Sie Ihren Partner zum Beispiel in ein Restaurant führen, können Sie ihm die Speisekarte geben und ihn auffordern: «Bestelle, was du gerne möchtest; das wird mir Freude machen.» Sie sind so verliebt, daß Sie die Freude der anderen Person genießen können. Meistens ist eine solche Wahl ohne Risiko. Im allgemeinen wird Ihr Partner verantwortungsbewußt für Sie bestellen. Aber ab und zu werden Sie bei einem Gericht landen, das wie Galle und wurmstichiges Holz schmeckt. Das wird Ihre Meisterprüfung sein, der Test für Ihre Liebe.

Eine Sache zur Zeit

Vor etwa zwanzig Jahren unternahmen meine Frau und ich eine Reise nach Arizona. Als wir eine der schönen Autobahnen entlangfuhren, blickte ich nach oben und sah ein Schild, das an den Wipfel eines Baumes genagelt war. Es trug die Aufschrift: «Sie sollten auf die Straße schauen.» Ich wollte antworten: «Ich sitze nicht am Steuer!», aber ich wußte die Botschaft zu schätzen.

Unsere moderne Mediengesellschaft hat sich geradezu gegen uns verschworen, um unsere Aufmerksamkeit zu zerstreuen. Wir werden dazu ermutigt, beim Autofahren zu telefonieren, beim Essen fernzusehen und beim Joggen die Nachrichten zu hören. Alle diese Dinge erschöpfen unser Konzentrationsvermögen und verringeren unsere Liebesfähigkeit.

Besonders Kinder leiden darunter. Versuchen Sie, einem Kind Ihre volle Aufmerksamkeit zu schenken, wenn Sie ihm zuhören. Diese klugen kleinen Augen merken, wenn Ihre Aufmerksamkeit abgelenkt ist. Legen Sie Ihre Zeitung für einen Augenblick beiseite und hören Sie auf jedes Wort, wenn die Kinder ihre Neuigkeiten aus der Schule erzählen. So werden Sie sich darin trainieren, wie man liebt.

So wurde ich von meiner Großmutter trainiert, meiner spirituellen Lehrerin, und von meiner Mutter, ihrer Assistentin. Jeden Tag, wenn ich aus der Schule nach Hause kam, pflegte meine Großmutter zu sagen: «Erzähle mir alles – von dem Zeitpunkt an, als du das Haus verließest, bis zu dem Zeitpunkt, als du zurückgekommen bist.» Ich wußte, daß jeder Teil meines Lebens wichtig für sie war.

Also versuchen Sie bitte, Ihren Kindern so viel Zeit wie möglich zu widmen. Ihnen Spielsachen oder Geld zu geben ist kein Ersatz dafür. Sie werden im Gefühl der Sicherheit und Großzügigkeit aufwachsen und bereit sein, aus der Welt einen besseren Ort zu machen.

Aus dem Acht-Punkte-Programm

Konzentrierte Aufmerksamkeit

Mehr als eine Sache gleichzeitig zu tun teilt die Aufmerksamkeit und zersplittert das Bewußtsein. Wenn wir zum Beispiel gleichzeitig lesen und essen, ist ein Teil unseres Geistes bei dem Gelesenen und ein Teil bei der Mahlzeit; wir haben von jeder der beiden Tätigkeiten nicht das Optimale. Ähnlich sollten Sie, wenn Sie mit jemandem sprechen, ihm oder ihr Ihre volle Aufmerksamkeit schenken. Das sind kleine Bemühungen, aber insgesamt helfen sie, das Bewußtsein zu sammeln und die Konzentration zu vertiefen.

Alles, was wir tun, sollte unserer vollen Aufmerksamkeit würdig sein. Wenn der Geist auf eine einzige Sache gerichtet ist, wird er sicher, frei von Spannung und fähig zu jener Konzentration sein, die auf allen Gebieten das Kennzeichen des Schöpferischen ist.

Die inneren Bedürfnisse befriedigen

Sehr früh in meinem Leben half mir meine Großmutter, auf einfache Weise eine tiefe Liebe zur Natur zu entwickeln. Sie hetzte mich nicht hierhin und dorthin, um Kurse zu besuchen und Fertigkeiten zu erwerben; statt dessen gab sie mir viel Zeit, die Schönheiten der Natur zu verstehen und zu bewundern.

Sie betrachtete dies als die beste Art und Weise, wie ich meine Zeit und meine Energie nutzen konnte. Ich liebe Kinder sehr und denke, wir sollten darauf achtgeben, daß ihnen ihre Kindheit nicht verlorengeht. Obgleich Unterricht und Sport einen wichtigen Platz im Leben von Kindern einnehmen, erweist man ihnen nicht immer einen sinnvollen Dienst, wenn man sie von Unterrichtsstunde zu Unterrichtsstunde hetzt.

Nach meinem Verständnis der menschlichen Entwicklung sind unsere tiefen und grundlegenden Bedürfnisse die nach liebevoller Aufmerksamkeit und nach viel Zeit zum Denken, Verstehen und Wachsen. Wenn diese nicht befriedigt werden, solange wir noch Kinder sind, wenden wir uns häufig weniger wünschenswerten Methoden ihrer Befriedigung zu, sobald wir erwachsen werden.

Ich versuche immer, meiner Großmutter und

meiner Mutter jeden Erfolg, den ich auf meinem Weg errungen habe, voll als Verdienst anzurechnen. Sie hatten all meine tiefsten Bedürfnisse zu befriedigen gewußt, als ich die Oberschule verließ. Heute, da ich keine Kindheitsbedürfnisse mehr zu befriedigen habe, kann ich das Leben in voller Freiheit genießen. Ich habe kein besonderes Bedürfnis nach Geld, Vergnügen, Profit oder Ansehen: Durch die Liebe dieser zwei Frauen gelangte ich zu der Einsicht, daß diese Dinge mir nichts hinzufügen würden. Da ich innerlich erfüllt bin, habe ich nur ein Bedürfnis: zu geben.

Wenn Kinder mit einer solchen inneren Fülle aufwachsen, brauchen sie nicht die Umwelt auszubeuten. Sie können all die unschuldigen Freuden des Lebens genießen, indem sie ihre Talente, ihre Zeit und ihre Mittel nutzen, um die Erde zu schützen. Einem alten Sanskrit-Sprichwort zufolge hat jeder Elternteil, der ein solches Kind aufgezogen hat – einen jungen Mann oder eine junge Frau, die lebt um zu geben –, seinen höchsten Zweck im Leben erfüllt.

In Frieden essen

Als ich das erste Mal in dieses Land kam, war eines der Dinge, die mich zu überraschen pflegten, daß ich Leute zur selben Zeit gehen und essen sah. In jenen Tagen gab es in Berkeley ein Café namens «Iß und lauf». Die Studenten besuchten es in großer Zahl, und so pflegte ich meinen Hörern zu sagen: «Warum nicht ein anderes Café aufmachen, ‹Trink und spring›?»

Sie werden mich nicht im «Iß und lauf» beim Essen finden. Viele Dinge zugleich zu tun bedeutet, nichts richtig zu tun. Wie der Buddha sagt: «Wenn du gehst, dann geh. Wenn du sitzt, dann sitze. Schwanke nicht.» Ich würde hinzufügen: «Wenn du ißt, dann iß. Wenn du läufst, dann laufe.»

Aufgrund eigener Erfahrung habe ich festgestellt, daß die Freude an einer Mahlzeit unbeschreiblich zunimmt, wenn man sie nicht allein oder «auf dem Sprung» hinunterschlingt, sondern mit anderen gemeinsam in einer entspannten Weise einnimmt. Dies ist eines der größten Geheimnisse eines einfachen, schönen Lebens: Wir werden nicht nur dadurch genährt, *was* wir essen, sondern auch dadurch, *wie* und in welcher Gesellschaft wir essen.

In der Bibel heißt es im «Vaterunser»: «Unser

tägliches Brot gib uns heute.» «Brot» bedeutet hier viel mehr als das, was wir verwenden, um Sandwiches zu machen. In der Hindu-Tradition sind Mahlzeiten ebenso wie in der christlichen keine weltlichen Tätigkeiten. Sie werden als Sakramente betrachtet, weil sie nicht nur auf physischer Ebene, sondern auch auf emotionaler, geistiger und spiritueller Ebene unsere grundlegenden Bedürfnisse befriedigen. Essen bedeutet viel mehr als vier Gruppen von Nahrungsmitteln und die wichtigsten Aminosäuren. Um in optimaler Weise zu leben und zu geben, müssen wir in Frieden und in einer Atmosphäre der Liebe essen.

Wer aber Zeit spart, der wird sie verlieren

Einem Bericht zufolge, den ich neulich las, sind fünfzehn Millionen Amerikaner von Depressionen betroffen. Wenn man ihre Familien mit einrechnet, wächst diese Zahl auf etwa fünfzig Millionen. Wenn der Buddha hier wäre, um dies zu kommentieren, hätte er eine sehr genaue Diagnose: Viele von diesen Depressionen entstehen, weil wir einfach keine Zeit für eine der kostbarsten Erfüllungen haben, die das Leben zu bieten hat – für liebevolle persönliche Beziehungen.

An der Wurzel unseres schnellebigen Lebensstils verbirgt sich ein Paradox: Je mehr Zeit wir durch Eile zu sparen versuchen, desto weniger Zeit scheinen wir zu haben. In Südindien, wo ich aufwuchs, versuchte niemand, Zeit zu sparen, doch wir hatten immer reichlich davon. Man könnte fast im Sinne Jesu sagen: «Wer aber Zeit spart, der wird sie verlieren.»

Überall – auf den Autobahnen, in den Geschäften, in unseren Schulen – lautet das Motto heutzutage: schneller, schneller, schneller, schneller. Wir quetschen so viele Tätigkeiten in unseren Tag, daß wir am Ende für alle wenig Zeit haben, am allerwenigsten für Beziehungen. Eine gute Mutter oder ein guter Vater zu sein, ein guter Bruder oder eine gute Schwester, ein guter Freund oder Kollege, erfordert eine Menge Geduld, und Geduld kostet Zeit.

Eine einfache Methode, mit der Vertiefung Ihrer Beziehungen zu beginnen, besteht darin, daß Sie darauf achten, jeden Tag aufmerksam Ihren Kindern, Ihrem Partner oder Ihren Nachbarn zuzuhören. Ich selbst tue das. Ich höre bei den Mahlzeiten mit vollkommener Konzentration meinen Kindern zu, wenn sie von Erlebnissen aus der Schule berichten oder von ihren Plänen für das Wochenende erzählen. Dies kann einige Geduld erfordern, da Kinder oft ausführliche und sogar recht phantasievolle Berichte über ihre Aktivitäten liefern, aber jede Minute, die Sie dafür aufwenden, hilft, eine Atmosphäre der Liebe zu schaffen, die Ihre Kinder und Sie selbst vor den unvermeidlichen Höhen und Tiefen des Lebens schützt.

Sich Zeit nehmen

Als Meditationslehrer höre ich die Leute oft sagen: «Ich habe nicht einmal die Zeit, all das zu tun, was ich tun muß – und Sie bitten mich, nicht nur langsamer zu werden, sondern auch noch eine halbe Stunde für Meditation zu erübrigen? Unmöglich!»

Ich habe dafür viel Verständnis, weil auch ich mich einst in dieser Lage befand. Als ich mich der Meditation zuwandte, lehrte ich an einer sehr betriebsamen Universität, hatte viele Interessen und viele Freunde und mußte an vielen Treffen teilnehmen. Ich wollte mein Leben sofort vereinfachen, wußte aber nicht wie. Versuchsweise machte ich eine lange Liste von allen meinen Pflichten und Verantwortlichkeiten, von Aktivitäten zur Erholung und Unterhaltung. Ich betrachtete sie und sagte mir: «Kein Wunder, daß keine Zeit für Meditation oder gar die Lektüre spiritueller Bücher bleibt!»

Dann ging ich die Liste mit einem Rotstift durch und strich alle Posten weg, die weder notwendig noch förderlich waren. Es brach mir nicht das Herz, aber ich spürte doch einige Stiche des Bedauerns. Wie konnte ich mich dazu motivieren, nicht an diesen Treffen teilzunehmen und nicht zu diesen

Konzerten zu gehen? Aber ich blieb standhaft, und als ich es überstanden hatte, hatte ich plötzlich eine Menge Zeit gewonnen. Das Schmerzliche daran aber war: Ich dachte, die Leute würden mich bei den Treffen vermissen, aber sie taten es nicht. Niemand fragte mich auch nur: «Wo sind Sie gewesen?» Das war von allen Abstrichen der unfreundlichste.

Also gehen Sie Ihre Liste durch und machen Sie kräftig vom Rotstift Gebrauch. Den Verzicht danach auch durchzuführen kann ziemlich schmerzlich sein, aber Sie werden wertvolle Zeit gewinnen, um Ihr Leben zu bereichern und die Erde zu heilen.

Zart und Hart

Wenn ich davon spreche, andere an die erste Stelle zu setzen, meine ich damit nicht, Sie müßten immer sagen: «Süße, du bittest, und ich handle», oder: «Nur zu, Süße; du befiehlst, ich führe es aus.» Keineswegs. Wirkliche Liebe ist eine harmonische Kombination sowohl von Zärtlichkeit als auch von Entschlossenheit.

Das ist es, worum es bei der Liebesgeschichte wirklich geht. Wenn Sie drauf und dran sind, etwas Unkluges zu tun und sich selbst oder den Menschen in Ihrer Umgebung damit Schaden zuzufügen, wird ein wahrhaft liebender Mensch, der Sie stets respektiert, aber niemals Ihre Schwäche übersieht, Ihnen mit zärtlich ausgestreckten Armen im Weg stehen. Diese Art des Widerstandes ist eine Kunst, die wir lernen müssen, wenn wir Harmonie herstellen wollen – und zwar nicht nur in unserer Familie und unserem Freundeskreis, sondern auch bei unserer Arbeit, in unserer Gemeinde und überhaupt in der ganzen Welt.

Es erfordert eine Menge innere Sicherheit und Entschiedenheit, denn am Anfang wird die betreffende Person vielleicht Ihre Briefe und Gedichte zurückschicken und sagen: «Selbst wenn ich dich niemals wiedersehe, wäre das noch zu früh.» Dann kommt die Liebesgeschichte zur Blüte. Sie stehen fest verwurzelt in der Liebe und sagen: «Du magst dir nichts aus mir machen, aber ich mache mir etwas aus dir. Du magst mich nicht lieben, aber ich liebe dich. Du magst vor mir weglaufen, aber meine Liebe wird dir bis ans Ende der Welt folgen.» Dies ist die wahre romantische Liebe, die selbst Kleopatra und Antonius nicht übertreffen könnten. Anstatt sich gegenseitig zugrunde zu richten, bringt eine solche Liebe Erfüllung. Wenn der Geist Ihres Partners sich beruhigt, wird er oder sie sagen: «Hier ist jemand, dem ich etwas bedeute, jemand, der mich wirklich liebt.»

Sich nicht mehr von der Angst beherrschen lassen

Durch jahrelange schwierige und manchmal eintönige Übung habe ich eine Fähigkeit erworben, für die sich meine aufgewandte Mühe mehr als auszahlt. Bei Gelegenheiten, wo jemand unhöflich zu mir ist, was selten vorkommt, finde ich es heute natürlich, höflicher als er zu sein; wenn jemand unfreundlich ist, freundlicher; und wenn sich jemand von mir entfernt, hilfsbereiter.

Auf diese Weise schafft man Harmonie. Es gibt niemanden, der nicht nach und nach auf diese Art von Liebe reagiert; eine Liebe, die den Widerstand gegen sie ermüden läßt; eine Liebe, die einen nicht mehr losläßt. Wenn wir junge Leute dazu ermutigen, eine solche Liebe zu entwickeln – indem wir es selbst tun –, reagieren sie darauf in einer wunderbaren Art und Weise. Es ist genau die Art von Herausforderung, die ihre großartigsten Fähigkeiten zutage fördert.

Gleichwohl geht es unserer menschlichen Konditionierung gegen den Strich. Wir sind darauf getrimmt, immer auf der Hut zu sein für den Fall, daß ein gewisser Jemand, eine Art «Dorn-im-Fleisch», um die nächste Ecke biegen könnte. Wenn wir ihn sehen, wollen wir bereit sein, die Flucht zu ergreifen, durch die nächste Tür in einer dunklen

Gasse unterzutauchen und in der Nacht zu verschwinden.

Wenn Sie statt dessen die außerordentliche Fähigkeit, Negatives mit Liebe zu vergelten, erworben haben, kann die Angst Sie nicht mehr beherrschen. Wenn Sie Herrn Dorn kommen sehen, können Sie tatsächlich beschließen, zu ihm zu gehen und ihn anzusprechen. «Er wird unangenehm werden», sagen Sie zu sich selbst, «was für eine Gelegenheit!» «Sie wird unhöflich sein; ich kann ihr helfen, indem ich höflich und ruhig bin.»

Wenn ich dies in den frühen Sechzigern zum Besten gab, pflegten die Beatniks von San Francisco, die ich sehr gern mochte, zu sagen: «Mann, das heißt ja, alles auf den Kopf stellen!»

«Nein», pflegte ich zu sagen, «jetzt ist alles auf den Kopf gestellt. Wenn ihr in dieser Weise handeln könnt, wird die Welt wieder geradegerückt.»

Zischen lernen

Darum seid klug wie die Schlangen und ohne Falsch wie die Tauben.

Jesus, Matthäus 10, 16

Meine Großmutter, die meine Lehrerin war, machte mir sehr früh im Leben bewußt, daß Sanftheit das Kennzeichen wahrer Stärke und wahren Mutes ist. Wenn ich auf eine Person treffe, die in Zorn ausbricht oder sich für irgendeine Beleidigung rächen will, erinnere ich mich immer an ihre lakonischen Worte: «Schwache Menschen... keinerlei Stehvermögen.»

Es erfordert echte Stärke, selbst bei einem Angriff sanft zu bleiben. Aber denken Sie nicht, daß Sanftheit mit Passivität gleichzusetzen ist. Sanft zu sein bedeutet nicht, daß Sie nicht Ihren Widerstand zum Ausdruck bringen, wenn Menschen etwas tun, was ihnen selbst, anderen oder der Erde schadet. Wenn Sie die Einheit des Lebens tief empfinden, empfinden Sie auch das Bedürfnis, Ihren Widerstand gegen alles auszudrücken, was diese Einheit verletzt.

In unserer rauhen Welt sanft zu sein ist eine anspruchsvolle Kunst, aber eine, die wir alle meistern können. Viele der großen Mystiker lebten wie wir inmitten der Gesellschaft, und sie lernten, ungezwungen zu funktionieren, selbst wenn die Leute sich verständnislos und feindselig verhielten. Aus ihrer eigenen praktischen Erfahrung heraus berichten die Mystiker, daß Sie ein gewisses Maß an Unnahbarkeit vorgeben müssen, wenn Sie mit Leuten zu tun haben, die Ihnen schaden wollen. Innerlich bleiben Sie zwar immer voller Liebe – selbst für Ihre Feinde –, aber nach außen hin geben Sie vor, nicht zuzulassen, daß man Ihre Freundlichkeit ausnutzt. Sie spielen ein wenig Theater.

Zur Illustration möchte ich eine kleine Geschichte wiedergeben, die der große indische Mystiker Sri Ramakrishna erzählte. Eines Tages ging ein spiritueller Lehrer durch ein Dorf und sah einige Kinder, die eine Schlange jagten. Sie traktierten sie mit Stöcken und Steinen. Der Lehrer konnte den Schmerz der Schlange verstehen. Er schickte die Kinder weg und teilte sein spirituelles Wissen mit der Schlange. «Diese Kinder tun dir weh, weil du versuchst, ihnen zu schaden. Versuche nicht, sie zu beißen. Denn das ist der Grund, warum sie dir weh tun.» Und der spirituelle Lehrer ging seines Wegs.

Nach ein paar Wochen kehrte der Lehrer zurück und fand eine Schlange vor, die so dünn geworden war, daß sie im Begriff war zu sterben. «Was ist geschehen?» fragte der Lehrer. Die Schlange antwortete: «Du sagtest mir, ich solle die Kinder niemals beißen, und sie haben mich doch gequält. Ich habe mich nur noch in meinem Loch versteckt.»

Der Lehrer rief aus: «O nein! Ich habe dir gesagt, du sollest sie nicht beißen, aber ich habe nicht gesagt, daß du nicht zischen sollst.»

Die Verbindung wahrer Geister

Als ich an der Universität von Kalifornien in Berkeley lehrte, versuchte mich einer meiner Studenten aufs Glatteis zu führen. «Ich habe die Wahl, entweder des Geldes oder des Sex wegen zu heiraten», sagte er, «was würden Sie mir raten?»

Er war sicher, daß er mir ein Dilemma bereitet hatte, aber ich blühe geradezu auf in solchen Dilemmas. Das Auditorium raste, als ich antwortete: «Wenn das die einzige Wahl ist, die Sie haben – Sex oder Geld –, empfehle ich entschieden, daß Sie die Frau mit Geld heiraten. Das wird etwas länger anhalten.»

Ich bin durchaus für romantische Beziehungen, aber ich möchte jeden warnend darauf hinweisen – nicht nur junge Leute, sondern auch ältere, die in dieser Falle gefangen sind –, daß Romantik nicht auf Sex beruht. Das ist ein Aberglaube, der durch Fernsehen und populäre Zeitschriften geschürt wird, um alles von der Rasiercreme über das Haarwaschmittel bis zu den Schuhen zu verkaufen. Wahre Liebesgeschichten gründen auf wachsender Zärtlichkeit und zunehmendem Respekt füreinander. Ohne Zärtlichkeit und Respekt kann keine Beziehung von Dauer sein. Sie wird am Ende nur Leiden hervorbringen.

In einer vollkommen loyalen und liebevollen Beziehung hat Sex einen schönen Platz, aber man muß sich dessen bewußt sein, daß es die Natur einer rein körperlichen Beziehung ist, sowohl zu verblassen und schal zu werden als auch ihre Frische und ihren Reiz zu verlieren. Wenn solche Beziehungen scheitern, sagt dies nichts über die Liebesfähigkeit von irgend jemandem aus. Es liegt einfach an der Natur der körperlichen Beziehung.

Die Atomphysik liefert hier eine interessante Perspektive. Ein Physiker wird Ihnen sagen, daß Ihr Körper und der Körper Ihres Liebsten nicht massiv sind. Sie erscheinen nur aufgrund unserer Wahrnehmungsorgane als massiv. So schmerzlich es auch für uns sein mag, das zu hören – unsere Körper sind größtenteils leerer Raum, und das kleine bißchen, das nicht leerer Raum ist, verändert sich in jedem Augenblick, wird älter, verliert seine Elastizität, seine Stärke und seine Energie. Das ist ein harter Schlag für die körperliche Liebesbeziehung. Wie können Sie etwas dauerhaft lieben, was größtenteils leerer Raum ist? Also machen Sie sich keine Vorwürfe, wenn eine körperliche Beziehung nicht von Dauer ist. Da war von Anfang an sehr wenig vorhanden.

Auf der anderen Seite gibt es keine verläßlichere und lustvollere Basis für eine Liebesbeziehung, als wenn zwei Menschen für eine große Sache zusammenarbeiten, eine Sache, die größer als sie selbst ist, und wenn sie ihre persönlichen Differenzen vergessen, um die Welt ein wenig grüner für alle zu machen. Mit Shakespeares wunderbaren Worten ausgedrückt ist dies «eine Verbindung wahrer Geister», die mit dem Verstreichen der Zeit nur um so schöner wird.

Eine Liebesgeschichte

Am vergangenen vierzehnten Februar machte ich einen Spaziergang durch die örtliche Fußgängerzone, um zu sehen, wie die Leute den St. Valentinstag feiern, den Feiertag, der der Liebe gewidmet ist. In einem Laden gab es riesige herzförmige Lebkuchen, die mit Botschaften aus Zuckerguß überzogen waren. (Ich hoffe, die Lebkuchen waren frischer als die Klischees.) In einem anderen Laden gab es eine Auswahl von Schokoladenherzen mit einem Schild, auf dem stand: «Alles, was Sie für eines dieser Herzen brauchen, ist Liebe und dreizehn Dollars.» Ich konnte nicht umhin, mich zu wundern, was all das mit einer Liebesbeziehung zu tun hat?

Während meiner Jugend in Indien wurde unsere Nation von einer Liebe emporgehoben, die weit über das hinausging, was wir häufig als Liebesbeziehung bezeichnen. Fünfzig Jahre lang gaben uns Mahatma Gandhi und seine Frau Kasturbai ein seltenes Beispiel der Liebe, die – in Shakespeares Worten – «es aushält bis an den Rand des Verhängnisses». Wenn alles schiefgeht, alles gegen Sie ist, dann erblüht eine solche Liebe zu ihrer vollen Leuchtkraft. Nur jemand wie Shakespeare, ein großer Verfechter der höchsten Liebe, konnte jene Worte geschrieben haben, und es erforderte den Glauben und den Mut der Gandhis, sie zu leben.

Zeitweise muß der Rand des Verhängnisses für die Gandhis sehr nahe gewesen sein, doch ihre Liebe wuchs nur mit jeder Prüfung. Bedroht durch die Regierung, ins Gefängnis geworfen, von Extremisten angegriffen, ihr Besitz beschlagnahmt, ihre Verwandten verbannt – das war das Klima, in dem ihre Liebe blühte und vierhundert Millionen Menschen dazu inspirierte, alles für die Sache der Gewaltlosigkeit und der Freiheit zu geben.

Eine Brücke bauen

Welche Weisheit kannst du finden, die größer als Freundlichkeit ist?

Jean-Jacques Rosseau

Durch ständige Übung ist es möglich, Ihre Liebe zu einem andauernden Geschenk für Ihre Familie und die Welt zu machen. Sie können das ganze Jahr über zu einer Art Weihnachtsbaum für Ihre Umgebung werden. Jedesmal, wenn Ihre Kinder, Ihr Partner oder Ihre Eltern Schmerz oder Verdruß verspüren, wenn sie sich fürchten oder bedrückt sind, können sie zu Ihnen kommen und sich in Ihre Liebe und Sicherheit retten.

Es ist nicht möglich, solchen inneren Frieden zu erlangen, ohne sich der Bedürfnisse der Menschen in Ihrer Umgebung bewußt zu werden. Hochgradig egoistischen Menschen fällt es immer schwer zu lieben, weil sie, obgleich sie einen gescheiten Verstand haben, sofort auf die kleinste Provokation reagieren. Wenn Sie zornig sind, werden sie es Ihnen heimzahlen. Wenn Sie sich fürchten, werden sie verunsichert. Das ist einfach eine menschliche Konditionierung, die ich manchmal als die «Musikbox-Reaktion» bezeichne: Sie werfen Ihre Münze ein und die alte, vertraute Melodie ertönt.

Manche Psychologen haben behauptet, daß Reiz und Reaktion die Grundlagen alles menschlichen Verhaltens sind. Dem stimme ich nicht zu. Es gibt einige rühmliche Ausnahmen – die großen spirituellen Lehrer aller bedeutenden Religionen, die gezeigt haben, daß es möglich ist, die Verbindung zwischen dem, was andere Ihnen antun, und dem, was Sie ihnen tun, zu unterbrechen, indem Sie mehr und mehr lieben.

Den spirituellen Lehrern zufolge müssen Sie, um sich einen wahrhaft Liebenden zu nennen, frei von zwanghaftem Reagieren sein; Sie müssen frei sein, so zu reagieren, wie Sie es für das Beste halten. Wenn jemand unfreundlich zu Ihnen ist, können Sie sich dafür entscheiden, ihm freundlich entgegenzutreten, was die beste Methode ist, ihn für sich zu gewinnen. Wenn jemand Sie verleumdet, können Sie sich dafür entscheiden, nicht eingeschüchtert oder aufgebracht zu reagieren, sondern Ihre Zeit abzuwarten und ihm Ihre Hilfe anzubieten, wenn er sich beruhigt hat. Das ist es, was tiefe Liebe tun kann.

Sie werden erkennen, wie sehr die Welt solche Menschen braucht. Wo immer sie leben, werden sie eine Brücke zwischen einzelnen Menschen, zwischen unterschiedlichen Bevölkerungsgruppen und sogar zwischen Nationen sein. Dem englischen Mystiker William Law zufolge hat solche «Liebe keine Fehler, weil alle Fehler der Wunsch nach Liebe sind».

Teil III

In Harmonie mit der Erde leben

Erwachen

Es wird berichtet, daß der Mitfühlende Buddha, wenn er eine Stadt betrat, solche Sicherheit und Freude ausstrahlte, daß Menschenmengen sich um ihn versammelten, nur um sein Gesicht anzustarren.

«Glückseliger», fragen sie ängstlich, «bist du ein Gott?»

«Nein», antwortete er.

«Bist du ein Prophet?»

«Nein.»

«Was bist du dann?»

«Ich bin wach.»

Dies ist die wörtliche etymologische Bedeutung des Wortes «Buddha», das sich von der Sanskritwurzel *budh* – «aufwachen» – herleiten läßt.

Als ich an einer Universität in Indien lehrte, glaubte ich, ich sei vollkommen bewußt und völlig wach. Ich war auch ganz sicher, daß all meine Kollegen und sogar meine Studenten wach waren. Ich nahm sehr aktiv an dem teil, was man normalerweise ein waches Leben nennt: Ich ging meiner privaten Befriedigung nach, verdiente Geld, häufte materiellen Besitz an und versuchte, Anerkennung zu erlangen. Solch ein Leben, würde der Buddha mitleidig sagen, ist das Leben eines Schlafwandlers. Ich ging im Schlaf, lehrte im Schlaf und lebte im Schlaf.

Wenn wir uns heutzutage umsehen, erkennen wir, daß wir in einer schlafenden Gesellschaft leben – schlafend und träumend von Reichtum, Vergnügen und Macht, selbst wenn die ökologischen Grundlagen unseres Lebens durch die unbewußten Kräfte von Habgier, Unwissenheit und Feindseligkeit zunichte gemacht werden.

Nur wenn Sie aufwachen, beginnen Sie zu sehen, daß es in Ihrem Inneren noch eine ganz andere Welt gibt, die so real ist wie die äußere Welt. In dieser inneren Welt ist der Schlüssel verborgen, um in Harmonie mit der Umwelt zu leben und die Welt rings um uns zu heilen.

Vom Verschwenderischen zum Einfachen

Henry David Thoreau stellte eine provozierende Frage: «Was nützt ein Haus, wenn Sie keinen erträglichen Planeten haben, um es daraufzustellen?» Sie ist schwer zu beantworten. Was nützen Wissenschaft, Kunst, Tanz und Musik, wenn Ihre Lebensweise die Erde unbewohnbar macht?

Ich liebe die Musik und die schönen Künste; ich war immer ein Freund von klassischem Ballett und Theater; ich habe tiefen Respekt vor den wohltätigen Errungenschaften der Wissenschaft. Aber in meinem Herzen nimmt all das den zweiten Platz ein hinter der Kunst, in Harmonie mit der Erde, mit anderen Menschen und mit mir selbst zu leben – nicht, weil ich die Künste und Wissenschaften nicht liebe, sondern weil, wie Thoreau sagen würde, der Besitz des besten Landhauses in Kalifornien nichts nützt, wenn man keinen guten Planeten hat, um es daraufzustellen. Unter allen unseren Aktivitäten sollten wir als höchste Priorität unsere Bemühung setzen, unsere Lebensweise vom Verschwenderischen zum Einfachen zu wandeln, vom Gedankenlosen zum Wählerischen und vom Zerstörerischen zum Bewahrenden.

Es ist nicht immer eine reizvolle Arbeit, Ihre Gewohnheiten langsam zu ändern und anderen zu helfen, die ihren zu ändern, das Alte zu beseitigen und in Ruhe ein neues Leben aufzubauen. Wahrscheinlich wird Ihnen niemand einen Nobelpreis oder einen Oscar dafür geben, daß Sie sich für den Schutz der Erde eingesetzt haben, aber tief im Inneren werden Sie eine große Freude über Ihren Beitrag empfinden. Sie werden die Achtung jener Person gewonnen haben, der zu gefallen am schwersten auf der ganzen Welt ist: Ihre eigene.

Die Einheit des Lebens sehen

Bevor ich mich der Meditation zuwandte, hatte ich – sowohl bei westlichen als auch bei östlichen Autoren – viele Male über die Einheit gelesen, die der scheinbaren Vielfalt des Lebens zugrunde liegt. Bis ich mich jedoch durch die Meditation tief in mein Bewußtsein versenkt hatte, hatte ich nicht glauben können, daß die Welt wirklich eins ist, ja, daß wir alle eins sind. Die Sonne, der Mond, die Sterne, das Meer, die Flüsse, die Wälder – wir sind alle eine Familie. Das ist die Lektion, die unsere Umweltkrise uns zu lehren versucht.

Die Einheit des Lebens sehen zu lernen ist ein wenig wie das Knacken eines Geheimkodes. Als ich in Indien ein Pfadfinder war, mußte ich, wie die Pfadfinder überall, den Morsekode lernen. Bei einer besonderen Gelegenheit, als der Schulinspektor kam, wurden mein Vetter und ich ausgewählt, unsere Übermittlungskünste vorzuführen. Der Inspektor gab mir eine Botschaft, die ich mit Flaggen an meinen Vetter übermittelte, der fünfzig Yards entfernt stand. Punkt-Strich-Punkt, Punkt-Strich-Punkt, und so weiter. Wenn ein Zuschauer den Kode nicht kannte, hätte er sich gefragt, warum diese Burschen ihre Flaggen schwenken. Aber jeder, der den Kode kannte, war in der Lage zu folgen.

William Blake, der den Kode des Lebens knackte, sagte, daß er, wenn er die aufgehende Sonne betrachtete, nicht nur eine glühende Scheibe wie ein Geldstück sah, sondern ein Heer von Engeln, die «heilig, heilig, heilig» sangen. Wenn Sie William Blake gesagt hätten, daß Sie die Engel nicht hören, hätte er entgegnet: «Sie haben Ohrstöpsel in Ihren Ohren; wie können Sie erwarten, etwas zu hören? Ziehen Sie sie heraus, dann werden Sie hören.»

Die Meditation befähigt uns, den Kode allen Lebens zu entschlüsseln. Wir lernen, die Ohrstöpsel und die Augenbinde zu entfernen, die uns daran hindern, die Einheit allen Lebens zu erkennen. Schritt für Schritt gewinnen wir eine neue Art der Wahrnehmung. Wenn wir zum Beispiel einen Wald betrachten, beginnen wir zu verstehen, daß Botanik nicht die einzige Möglichkeit ist, Bäume zu studieren. Ebenso wie man den biologischen Aspekt der Bäume betrachten kann, gibt es einen spirituellen Aspekt, von dem wir lernen können: Es ist die Natur eines Baumes zu geben. Sie und ich machen Geschenke zu Weihnachten – aber nur den Menschen, die wir mögen, und wenn sie Geschenke für uns haben. Für einen Baum jedoch ist jeden Tag und jede Nacht Weihnachten. Ein Tannenbaum sagt nicht: «Hier ist Sauerstoff nur für die Menschen, die ich mag.» Ein Mangobaum sagt nicht: «Ich werde dir keine Mangos geben, weil du mich nicht magst.» Sie sagen zu jedermann: «Komm und bediene dich. Was wir geben, ist für alle kostenlos.»

Schritt für Schritt können wir lernen, diesen Bäumen etwas zurückzugeben, um ihnen unsere Liebe zu zeigen. Das bedeutet nicht, Liebesgedichte zu schreiben und sie an ihre Stämme zu hängen. Liebe für die Bäume zu zeigen bedeutet einfach, ihre Sprache zu sprechen: sie zu pflanzen, sie zu pflegen, zu düngen, zu beschneiden, zu schützen und sie bis zu ihrer vollen Höhe wachsen zu lassen. Sie werden ihre Liebe dadurch ausdrücken, daß sie uns Sauerstoff geben und uns ernähren.

Ein Ausdruck von Liebe

Bäume biegen sich mit reifer Frucht zur Erde;
Wolken voll mit sanftem Regen hängen tief herab;
Edle Männer beugen sich voll Anmut.
Das ist großzügiger Dinge Art.

Bhartrihari

Die Oberfläche der Erde trennt nur ungefähr vierzig Meilen Atmosphäre von dem äußeren Weltraum. Stellen Sie sich vor – für fünf Milliarden Menschen haben wir nur vierzig Meilen Luft. Ohne ihre ständige Erneuerung, für die Bäume und andere Pflanzen sorgen, würden wir am Ende unseren Sauerstoff gänzlich aufbrauchen. Der einzige Grund, warum wir hier sind und unsere Kindeskinder hier sein werden, ist, daß Bäume und Pflanzen unseren Sauerstoff erneuern.

Als ich in Indien lebte, hatte ich einige europäische Freunde, die sich über den indischen Brauch, Bäume zu verehren, lustig machten: «Ihr verehrt Banyan-Bäume, nicht wahr?» pflegten sie zu fragen. Es machte mir Spaß, ihnen mit Humor, aber auch mit Wahrhaftigkeit zu antworten: «Nein, ich verehre *jeden* Baum.» Bäume geben uns die Luft und die Nahrung, die wir zum Leben brauchen. Das ist die Art, in der Gott seine Liebe ausdrückt. Er kommt nicht direkt und sagt: «Hier, öffne diesen Umschlag. Es sind einige Gutscheine darin. Du kannst damit hingehen und Liebe einkaufen, wo immer man sie bekommen kann.» Wie einige der schlichtesten und größten Mystiker sagen, findet die Liebe Gottes vor unseren Augen statt. Die Bäume bieten uns an: «Gib mir dein Kohlendioxid; ich werde dir dafür Sauerstoff geben.» Welchen größeren Akt der Liebe kann es geben?

Die Sonne als Manifestation der Liebe

In der *Bhagvad Gita* sagt der Herr: «Unter den Gestirnen bin ich die Sonne.» Das soll uns daran erinnern, daß unser Leben von der Sonne und den vielen physikalischen und biologischen Kräften abhängt, die die Strahlen der Sonne filtern und umwandeln. In der traditionellen Sprache der Religion erklärt die *Bhagavad Gita* dieses komplizierte Netzwerk von Kräften als einen schönen Beweis für die Liebe des Herrn zu uns.

Ohne die Sonne hätten wir keine Nahrung. Alles, was wir essen, ist durch die großzügige Hilfe des Sonnenlichtes entstanden. Die Blätter der Bäume und Pflanzen sind Solarkollektoren, die die Energie der Sonne einzufangen und in Feinschmeckergerichte umzuwandeln verstehen. Die Mystiker sagen: «Wer, wenn nicht ein Liebender, würde alles das tun?» Ganz wie Sie am St. Valentinstag Ihre Liebste mit Blumen beschenken, gibt uns das *Selbst*, das in jeder einzelnen dieser Pflanzen und Bäume lebt, jeden Tag die allerbeste Nahrung.

In der westlichen Tradition bringt der heilige Franz von Assisi unsere Verwandtschaft mit der Sonne wunderbar zum Ausdruck, wenn er sie als Bruder Sonne anspricht. Er erinnert uns daran, daß wir alle – sogar die Sterne und Planeten – zu derselben

Familie gehören. Wenn wir uns dem persönlichen Vorteil hingeben und vergessen, daß wir zu dieser Familie gehören, sind die Ergebnisse immer katastrophal.

Ob Sie es nun die Liebe Gottes, die Vorsehung der Natur oder einen glücklichen Zufall nennen – die Ozonschicht in der Stratosphäre der Erde ist vollkommen ausgewogen, um uns vor den ultravioletten Strahlen der Sonne zu schützen. Heute fügen wir diesem Schutzschild jedoch ernsthafte Schäden durch Industriechemikalien zu, die in erster Linie produziert und genutzt werden, um Profit zu machen. Die Zunahme der schädlichen ultravioletten Strahlen kann nicht nur zu verstärktem Auftreten von Hautkrebs führen, sondern auch zu Störungen in unserer Nahrungskette.

Obwohl wir schon 1974 erstmalig erfahren haben, daß Fluorchlorkohlenwasserstoffe die Ozonschicht auflösen, haben wir FCKW noch nach zwanzig Jahren nicht völlig abgeschafft. Getrieben von übertriebener Profitgier haben wir unwissentlich das feine Netzwerk der Kräfte durchbrochen, das unsere Gesundheit und unsere Zukunft schützt. Lassen Sie uns dafür sorgen, daß dies niemals wieder geschieht. Der Profit spielt sicherlich bei jedem Geschäft eine Rolle, aber unser erstes Anliegen sollte es immer sein, unser Geschäft und unser Leben in Harmonie mit den Kräften zu führen, die das Leben bewahren.

Im Universum zu Hause

Begehre nichts. Alles gehört dem Herrn. Wenn du so handelst, kannst du hundert Jahre leben. So allein wirst du in wahrer Freiheit handeln.

Isha Upanishad

In spirituellen Begriffen gesprochen besteht die eigentliche Wurzel der Umweltbewegung darin, daß alles zu dem einen *Selbst* gehört, das in den Herzen aller Menschen und Geschöpfe lebt, ja sogar in Insekten und Pflanzen.

Das bedeutet für uns ganz praktisch, daß nichts auf der Erde uns wirklich gehört, so daß wir es zerstören dürften. Niemand hat das Recht, die Luft, das Wasser oder die Meere zu verschmutzen, die Wälder abzuholzen oder die Erdkrume fortzuspülen. Wir besitzen die Erde nicht. Wir sind nur Durchreisende, denen man die Erde anvertraut hat, um sie ein bißchen besser zurückzulassen, als wir sie vorgefunden haben. Dies ist jedermanns Aufgabe; niemand ist davon ausgenommen, und in diesem Sinne ist niemand arbeitslos. Daraus folgt, daß unsere Umweltkrise von jedem von uns verlangt, auf seine Weise eine nützliche Rolle zu spielen, um die Umwelt zu verbessern, wo immer wir leben. Wenn ein Mensch darin versagt, würde der Buddha sagen:

«Du hast nicht getan, was du tun mußt», selbst wenn er eine Menge Geld verdient oder wenn sie einen angesehenen Preis gewinnt.

Wenn Sie getan haben, was Sie tun müssen, werden Sie sich sehr sicher und sehr erfüllt fühlen. Wie Sie das *Selbst* in Ihrem eigenen Herzen entdecken, werden Sie es gleichzeitig überall in den Menschen und Geschöpfen Ihrer Umgebung wahrnehmen. Sie werden sich sehr zu Hause fühlen in diesem Universum. Sie brauchen sich nicht auf mein Wort zu verlassen. Versuchen Sie es, und Sie werden es selbst sehen.

Dein Wesen ist Freundlichkeit

Ahimsa (Gewaltlosigkeit) ist für Gandhi das Grundgesetz unseres Seins. Darum kann es als das wirksamste Prinzip für gesellschaftliches Handeln gelten, weil es in vollkommenem Einklang mit der Natur des Menschen steht und seinem angeborenen Wunsch nach Frieden, Gerechtigkeit, Ordnung, Freiheit und persönlicher Würde entspricht.

Thomas Merton

Als ich in meinem Anfängerkurs in Indien Erstsemester unterrichtete, stellte ich fest, daß sie eine merkwürdige Schwierigkeit hatten: Sie verwechselten immer die englischen Begriffe für «erfinden» und für «entdecken». Wenn ich ihre Aufsätze korrigierte, stieß ich oft auf Sätze wie: «Das Fernrohr wurde von Galileo entdeckt.» Da kam mir eine einfache Methode in den Sinn, um ihnen den Unterschied zwischen Erfinden und Entdecken zu zeigen.

Ich nahm ein Stück Kreide in die eine Hand, schloß sie, und sagte: «Ich habe etwas verdeckt. Jetzt öffne ich meine Hand, und ihr werdet es entdekken.» Danach schrieben sie nie mehr, Galileo habe Fernrohre entdeckt.

Das gleiche gilt für die unvergängliche Liebe – was Gandhi *ahimsa* nennt –, die in den Tiefen unseres Herzens wohnt. Sie brauchen sie nicht zu erfinden, zu kaufen, zu borgen oder einem Heiligen zu stehlen. Sie haben sie schon. Sie ist in Ihnen, aber so gründlich verborgen, daß Sie gar nicht vermuten, Ihre eigentliche Natur sei Liebe und Ihr eigentliches Wesen Freundlichkeit. Diese Entdeckung werden Sie machen, wenn Sie Ihren Geist durch die Meditation und die dazugehörigen Übungen zur Ruhe bringen. Danach können Sie wunderbar in allen Lebenszusammenhängen funktionieren, beim Umgang mit Ihrer Familie ebenso wie bei der Arbeit in einer Klinik, einer Universität oder einem Geschäft, und ein lebendiger Einfluß von Freundlichkeit, Güte und Liebe sein, wo immer Sie sich entscheiden, Ihre Rolle zu spielen.

AHIMSA

Gewaltlosigkeit ist das oberste Gesetz des Lebens.

Hindu-Sprichwort

Eine der großartigsten Spruchweisheiten, die in Indien durch die Zeiten überliefert wurde, lautet *ahimsa paramo dharma*. *Parama* bedeutet «das Oberste, das Höchste». *Dharma* steht für «Gesetz, Unterstützung, Erfüllung». Und *Himsa* heißt «Verletzung», so daß *ahimsa* «Nichtverletzung» bedeutet. Es klingt im Englischen negativ, aber der Spruch meint etwas Positives: Wenn wir alles Streben danach, andere oder die Umwelt zu verletzen, aufgegeben haben, befinden wir uns in unserem angeborenen Zustand, in dem wir alle lieben und respektieren – nicht nur die Welt der Menschen, sondern auch die Welt der Natur.

Dieses oberste Gesetz ist von der ganzen Welt verletzt worden, nicht nur in unseren Beziehungen mit anderen Nationen und Menschen anderer Abstammung, sondern auch in der Art, wie wir die Erde behandeln.

Hinter diesem kleinen Wort *ahimsa* steht eine revolutionäre Bedeutung: Wenn Sie die uralte menschliche Neigung, andere durch Worte, Taten und Gedanken zu verletzen, aus Ihrem Bewußtsein entfernen können, werden Sie in Ihrem eigenen Herzen Gott, das *Selbst*, erkennen.

So führt *ahimsa*, obgleich es wie eine Reihe von Verneinungen erscheint, zu einer Reihe von Bejahungen. Wenn Sie in Ihrem Geist weder Groll, Feindseligkeit, Egoismus noch Selbstsucht fördern, wird er ganz von selbst die Verneinungen durch Bejahungen ersetzen und wird sicherer, liebevoller und effektiver bei seiner Arbeit werden.

Ein Leben für den Frieden

Ich habe von früher Jugend an gewußt, daß Gewaltlosigkeit keine isolierte Tugend ist, die vom Individuum für seinen persönlichen Frieden und seine letztendliche Erlösung geübt werden muß, sondern daß sie eine Verhaltensregel für das Ganze der Gesellschaft bedeutet.

Mahatma Gandhi

Gewöhnlich wird das Prinzip der Gewaltlosigkeit nur auf Gewalt zwischen Menschen oder Nationen angewandt, aber nachdem ich viele Jahre lang darüber nachgedacht und damit experimentiert hatte, lernte ich von Gandhi, es auf fast alle Aspekte des täglichen Lebens anzuwenden.

Der Hauptgrund der Umweltkrise ist die Auffassung unserer Gesellschaft, daß die Natur uns gehört, so daß wir sie beherrschen und zu unserem eigenen Wohl ausbeuten dürfen. Damit tun wir der Erde eine große Gewalt an; eine Gewalt, der wir sanft, aber entschlossen Einhalt gebieten müssen, indem wir ein einfaches, beständiges Leben nach dem Prinzip der Gewaltlosigkeit führen und jedem Lebewesen mit Liebe und Achtung entgegentreten.

Was Gandhi meint, wenn er uns das Ideal des

ahimsa vor Augen führt, ist also nicht ein Flickwerk von Reformen in Politik und Wirtschaft, mit dem hier oder dort ein wenig verändert wird. Vielmehr fordert er uns auf, uns tief in uns selbst zu versenken und unsere grundsätzliche Haltung gegenüber der Umwelt, anderen Menschen und uns selbst zu verändern.

Wie lange noch?

Durch Entwaldung und moderne landwirtschaftliche Methoden – die Methoden des *agribusiness* – verliert die Welt jedes Jahr vierundzwanzig Milliarden Tonnen Erdkrume. Die Vereinigten Staaten machen hier keine Ausnahme. Iowa hatte einst im Durchschnitt sechzehn Zoll (40 cm) Erdkrume. Nun beträgt sie nur noch die Hälfte, etwa acht Zoll. Wir nennen das Fortschritt. Jedes Jahr schälen wir eine weitere Hautschicht von unserer Mutter Erde ab. Wie lange kann das gutgehen? Wie ein amerikanischer Humorist sagte: «Sie schaffen keinen Grundbesitz mehr.»

Ich schaue mit großem Respekt auf die Tage meiner Knabenzeit in Südindien zurück, wo wir dazu erzogen wurden, niemals etwas zu tun, was unsere lebendige Mutter Erde ihrer Haut beraubt. Landwirtschaft wurde uns nicht nur in Schulen und Seminaren gelehrt. Es war eine von Generation zu Generation überlieferte Lebensweise, und jede von ihnen hatte die Gelegenheit, sie ein wenig zu verbessern. Ich habe einen Begriff für diese Lebensweise geprägt: *agridharma*, was sich herleitet von *agri* – «Feld» – und *dharma* – «Gesetz oder göttliche Ordnung». Es steht für eine Lebensweise, die die Bedürfnisse der Erde und aller Geschöpfe respektiert und trotzdem die menschlichen Bedürfnisse zu befriedigen sucht.

Wenn Sie Ihr eigenes Gemüse und Obst anbauen, wenn Sie Bio-Produkte kaufen, die in der Region angebaut worden sind, und wenn Sie sich eine vegetarische Ernährung angewöhnen, um die Regenwälder zu schützen, so helfen Sie dabei, *agribusiness* durch *agridharma* zu ersetzen und Gewalt durch Liebe.

Von der Liebe besessen sein

Laß mich von Liebe besessen sein …

Thomas von Kempen

Mystiker aus den Traditionen der ganzen Welt ermahnen uns oft, niemals von Dingen besessen zu sein. Wenn Sie aufmerksam irgendeine Zeitung oder Zeitschrift betrachten, wird Ihnen bewußt werden, daß unsere moderne Zivilisation zwar einerseits viel dazu beigetragen hat, unser Leben angenehmer zu machen, uns andererseits jedoch langsam, aber sicher dahingehend geprägt hat, daß wir nicht die Dinge besitzen, sondern von ihnen besessen werden. Diese Prägung ist offensichtlich. Der Beweis dafür ist, daß wir uns sofort unzulänglich und unvollkommen fühlen, wenn wir etwas, das wir unbedingt haben wollen – sei es ein neues Kleid oder ein neues Auto –, nicht bekommen können.

Dieses seltsame Ungenügen, das die Medien für ihre Zwecke ausnutzen, ist die Ursache für ein weitverbreitetes modernes Phänomen: den Triebkauf. Sie gehen in ein Einkaufszentrum, um eine Tasse Kakao zu trinken, und kommen mit einer großen Tüte voller Sachen wieder heraus. Wenn ich Sie frage, warum, antworten Sie: «Es gab sie zu kaufen.» Ich war niemals fähig, diese Logik zu verstehen. Was spielt es für eine Rolle, ob etwas zum Verkauf angeboten wird oder ob Sie zwei statt einem oder acht statt sieben bekommen, wenn Sie es nicht brauchen? Solche «Schnäppchen» appellieren an das Gefühl der Unzulänglichkeit.

Aber wir können uns davon befreien. Wie die Mystiker sagen: Wenn Sie Ihren Geist durch Meditation zur Ruhe bringen, werden Sie wahrzunehmen beginnen, wie das Licht des *Selbst* – das nicht außerhalb von Ihnen, sondern in den Tiefen Ihres Herzens wohnt – auf die Berge, das Meer, die Wälder und alle lebenden Geschöpfe scheint. Sobald Sie diese Erfahrung machen, werden Sie frei für die Liebe sein. Selbst wenn Sie Dinge kaufen müssen, werden Sie sich daran erinnern, keine Besessenheit zu entwickeln, sondern sie in Freiheit zu besitzen.

Ein Abfallexperiment

Mit Staunen las ich, daß jeder Mann, jede Frau und jedes Kind in unserem Land jeden Tag zweimal so viel Müll erzeugt, wie sein oder ihr Körpergewicht beträgt. Dieses Müllverhalten beeinflußt nicht nur unser eigenes Land. Unser wachsender Abfallberg quillt heute durch den sogenannten «Müllimperialismus» weit über unsere Grenzen hinaus. Da unsere Mülldeponien überfüllt sind, senden wir unseren meistenteils giftigen Abfall in arme Drittweltländer, die die mageren Einnahmen daraus verzweifelt nötig haben.

Also schlage ich vor, daß wir alle ein kleines Experiment machen. Führen Sie ein Mülltagebuch. Es ist ein sehr gutes Projekt für Kinder und sogar noch ein besseres für Erwachsene, zu beobachten und zu berechnen, wie dieser Müllberg erzeugt wird. Vermindern Sie Ihren Müll im weiteren stufenweise vom Doppelten Ihres Gewichtes auf das Einfache. Sie sehen, ich bin kein Revolutionär, sondern ein Evolutionär. Erzeugen Sie nur soviel Müll, daß er Ihrem Gewicht gleichkommt. Wenn Sie noch ehrgeiziger sind, können Sie den Müllberg noch weiter vermindern.

Das hat nichts mit Kapitalismus, Sozialismus oder irgendeinem anderen «-ismus» zu tun; das alles geschieht aus Liebe zu unseren Kindern. Kein Land, in dem Kinder aufwachsen, sollte als Müllhalde behandelt werden. Ich folge der Methode meiner Großmutter, um meine Gewohnheiten zu ändern: Ich lasse mich nicht von Gesetzen, öffentlicher Meinung oder Gruppendruck zu etwas zwingen, sondern mache die Liebe zu meiner Führerin.

ZUFRIEDENHEIT

Der Buddha gibt uns eine mitfühlende Erklärung für jene Triebkraft, die uns immer mehr Dinge kaufen und wegwerfen läßt. Er nennt sie *tanha,* was «Durst» bedeutet – ein unstillbarer Durst, der unsere Seelen ausdörrt. Die Werbung animiert uns dazu, diesen Durst durch das Trinken von Salzwasser zu löschen.

Erinnern Sie sich an die Worte Jesu, die er der Frau am Brunnen sagte? Als er durstig war, gab ihm die Frau kühles Wasser zu trinken. Indem er ihr dankt, sagt Jesus: «Wer von diesem Wasser trinkt, der wird wieder durstig werden. Wer aber von dem Wasser trinkt, das ich ihm geben werde, wird niemals durstig sein.» Sobald Sie sich des *Selbst* bewußt werden, ist Ihr Durst gelöscht. Sie brauchen nichts mehr von dieser Welt.

Als ich vor einigen Tagen mit meiner Frau durch ein großes Einkaufszentrum spazierte, sagte ich ihr, daß ich, selbst wenn man mir alles umsonst anbieten würde, wirklich nichts haben wollte. Das heißt nicht, daß ich nicht gerne etwas kaufe, was nützlich, angenehm und notwendig ist, oder daß ich mich nicht bemühe, das Beste aus meiner äußeren Erscheinung zu machen, aber ich habe keine Begierde mehr nach diesen äußerlichen Dingen.

Durch viele Jahre der Meditation finde ich nun meine Zufriedenheit in meinem Inneren, und mein Durst ist gestillt worden. Anstatt ein Gefühl der Unzulänglichkeit oder Unvollkommenheit zu haben, wenn ich mit solch einem verwirrend großen Angebot von Waren konfrontiert werde, empfinde ich große Freude, wohin ich auch schaue: Wie viele schöne Jacketts ich nicht kaufen muß! Wie viele Paar Schuhe ich mir nicht einmal anzuschauen brauche! Ich bin ein freier Mann. Ich kann, ohne durch die Massenmedien manipuliert zu werden, eigene Entscheidungen treffen.

Ich bin nicht reich, aber aufgrund dieser wertvollen Fähigkeit, in der ich mich geübt habe und die jeder erlernen kann, weiß ich, wie es ist, ein Millionär zu sein. Einmal fragte ich eine millionenschwere Freundin von mir: «Sage mir, was bedeutet es, eine Millionärin zu sein?»

«Nun», antwortete sie, «es gibt mir ein wunderbares Gefühl von Freiheit, wohin ich auch gehe.» Das ist genau die Art von Freiheit, über die ich verfüge, aber sie ist nicht abhängig von Aktien oder Beteiligungen. Sie kommt von innen. Es ist mein größter Wunsch, daß jedermann den enormen Reichtum im Inneren entdecken möge, den wir alle einfach aufgrund unseres Menschseins besitzen.

Obgleich ich einige der großartigen Errungenschaften bewundere, die die moderne Zivilisation besonders in diesem Jahrhundert hervorgebracht hat, muß ich darauf hinweisen, daß unser Fortschritt zu einer Menge Gewalt gegen die Natur geführt hat. Wenn mich jemand bittet, das zwanzigste Jahrhundert zu würdigen, lege ich stets seine Errungenschaften und technischen Fortschritte auf die eine Seite der Waage und die Verletzung der Natur auf die andere.

Die vorherrschende Meinung scheint Technologie als einen Selbstzweck zu betrachten. Wir greifen heute beim kleinsten Anlaß auf die Technologie zurück, ob die Situation dies erfordert oder nicht: sowohl in der Medizin, bei der Erziehung, beim Kochen, bei unserem Privatvergnügen als auch beim Sport. Im Gegensatz dazu ergreife ich jede Gelegenheit, Menschen daran zu erinnern, daß Technologie nur ein Mittel ist. Sie kann niemals ein Ziel sein. Erinnert uns nicht Barry Commoner daran, daß die Gefahr der Technologie nicht in ihrem Versagen, sondern in ihrem Erfolg besteht?

Ich bin ganz für «High-Tech», wenn sie mit hohen Idealen kombiniert ist, aber es ist die Aufgabe von Menschen wie Ihnen und mir, sehr höflich, aber überzeugend zu erklären: «Wenn es irgendeinen Verdacht gibt, daß dieses Produkt schädlich für die Umwelt ist, werden wir es nicht kaufen und unsere Freunde bitten, es ebenfalls nicht zu kaufen.» Das ist meine Methode: keine Demonstrationen oder Gewalttätigkeit gegen irgend jemanden, sondern nur durch Liebe und Erziehung an den gesunden Menschenverstand zu appellieren. Die einzige Revolution, die etwas bewirkt, ist die Revolution der Herzen.

Verlassen Sie die Überholspur

Vor mehr als dreißig Jahren kam ich auf einem Ozeandampfer zum ersten Mal in die Vereinigten Staaten. Als ich nach einer monatelangen Reise voller Muße in New York ausstieg, konnte ich nicht glauben, was ich auf den Straßen rings um mich sah. Ich dachte, ich sei gerade zur Zeit eines Autorennens angekommen.

So schnell mir der Puls des Lebens schon damals erschien, so habe ich seine Geschwindigkeit in den vergangenen dreißig Jahren noch dramatisch anwachsen gesehen. Heutzutage scheinen wir ständig in Eile zu sein. Nur um ein paar Minuten zu sparen, nehmen wir das Auto, wenn wir eigentlich zu Fuß gehen oder mit dem Bus fahren könnten; wir essen unterwegs konservierte, «mikrowellentaugliche» Nahrung und werfen Millionen Tonnen von Verpackungsmaterial aus Plastik, Papier und Schaumgummi in den Abfall, gemeinsam mit den unzähligen verfügbaren Plastikutensilien, mit denen wir sie essen.

Was aber tun wir mit all den Minuten, die wir gespart haben? Ich wünschte, wir könnten sagen, daß wir sie nutzen, um unsere Beziehungen zu vertiefen oder um zu einem tieferen Verständnis dessen zu gelangen, wer wir sind und warum wir hier sind. Aber allzuoft lassen wir uns einfach von den bloßen Impulsen des modernen Lebens treiben und vergeuden diese Zeit für Zwecke, die wenig dazu beitragen, das Leben für uns selbst oder andere zu verbessern. Darunter leidet natürlich die Erde, aber auch wir selbst. In der inneren Welt unseres Herzens vernachlässigen und beschädigen wir sogar unsere wertvollste Quelle der Erfüllung: die Fähigkeit zu lieben.

Langsam, einfach, schön, liebevoll

Indem wir ein langsames und einfaches Leben führen, bereichern wir es durch Schönheit und Liebe.

Der Wirtschaftswissenschaftler E. F. Schumacher hinterließ mit seinem Buch *Small is Beautiful* (Klein ist schön) bei Millionen von Menschen einen tiefen Eindruck, und ich habe oft daran gedacht, einen dazu passenden Band mit dem Titel *Slow is Beautiful* (Langsam ist schön) zu schreiben. Wie George Bernard Shaw zu fragen pflegte: Wieso ist der Mensch, der dreihundert Meilen in der Stunde zurücklegt, zivilisierter als derjenige, der drei Meilen in der Stunde reist?

Ich bin kein Verfechter der Armut – niemand sollte irgendwo in Armut leben –, aber ich bin ein Verfechter der Einfachheit. In meinen Augen ist das einfache Leben schön, kreativ und ästhetisch befriedigend. Es erzeugt ein Maximum an Wirkung mit einem Minimum an Mitteln. Viel zu oft produziert unsere moderne Technologie trotz ihres Erfindungsreichtums gerade das Gegenteil: ein Minimum an Wirkung mit einem Maximum an Mitteln. Um eine Redensart in meiner Muttersprache Malayalam zu gebrauchen: Wir benutzen ein Schwert, um einen Faden zu zerschneiden.

Das ist kein Problem, das von Regierungen oder Organisationen zu lösen wäre. Wenn jeder Mensch, egal ob Mann oder Frau, versuchen würde, sein Leben gemäß seinen Bedürfnissen und seinen Lebensumständen zu vereinfachen, würde er feststellen, daß er eine Menge Zeit hätte, um zu lieben.

Obgleich «Liebe» heutzutage zu einem geläufigen Wort geworden ist, wird es häufig ohne jedes Verständnis dafür gebraucht, was für ein ungewöhnliches Phänomen es in Wirklichkeit bezeichnet. Die Leute sprechen über das Sichverlieben (engl. «fall in love») wie über das Fallen in ein Loch. So einfach ist es keineswegs. Wir brauchen Zeit, ein langsames Tempo und ein einfaches Leben, um ein angemessenes Verständnis dafür zu gewinnen, was Liebe ist.

Zwei in einem Wagen

Mittlerweile haben alle von uns die Warnungen der Wissenschaft gehört, daß unsere Industriegesellschaft – die ich manchmal als unsere «chemische Zivilisation» zu bezeichnen versucht bin – soviel Kohlendioxid und andere hitzespeichernde Gase freisetzt, daß unser Planet im Lauf des nächsten Jahrhunderts eine Art Treibhaus werden könnte. Das hätte katastrophale Auswirkungen auf alles Leben auf diesem Planeten – wenn wir uns nicht alle zusammentun, um es gemeinsam zu verhindern.

Regierungen und Wirtschaftskonzerne spielen eine wichtige Rolle, aber man braucht nicht auf sie zu warten. Die Antwort ist so nah wie die nächste Autobahn. Wenn Sie das nächste Mal mit dem Wagen unterwegs sind, schauen Sie sich die anderen Autos an. In den meisten von ihnen sitzt nur eine einzige Person. Um Ihren persönlichen Schadstoffausstoß beim Autofahren um fünfzig Prozent zu reduzieren, brauchen Sie nur einer einfachen und eleganten Empfehlung zu folgen: Fahren Sie nicht allein, sondern zumindest zu zweit in einem Wagen.

Hier kommt die Verlangsamung ins Spiel. Eine Fahrgemeinschaft bedeutet oft, daß Sie zur Wohnung Ihres Freundes fahren und eine Weile warten müssen – mit den Kindern plaudern, mit dem Hund spielen oder in Ihrem Wagen sitzen und Ihr Mantram wiederholen. Jeder kann das tun. Vielleicht bedeutet es, ein bißchen früher aufzubrechen oder einen kleinen Umweg zu machen, aber das ist die Kunst eines Lebens in Weisheit. Allmählich wird es für Sie zu einer Freude werden, ein paar Minuten auf einen Freund zu warten. Sie fangen an, Ihr Denken zu verändern, nicht nur, was Sie selbst und Ihre Zeit angeht, sondern auch, was Ihre Freunde, die Luft und die Erde betrifft.

Natürlich gibt es manche Gelegenheiten, bei denen Sie allein fahren müssen, aber Sie können immer nach Leuten Ausschau halten, die Ihre Fahrt, Ihre Reifen und Ihr Auto mit Ihnen teilen und Ihnen Gesellschaft leisten. Ich bin ein großer Idealist. Stellen Sie sich nur vor, wie anders es auf den Autobahnen zugehen würde, wenn wir die Menschen davon überzeugen könnten, zu viert in einem Wagen zu fahren! Kleine Leute wie Sie und ich können Tag für Tag eine ruhige, unaufdringliche Revolution zustande bringen.

Die Gabe Allahs

Ich habe gehört, daß König Faisal, einer der Gründer Saudi-Arabiens, auf seinem Schreibtisch keine Blumen oder Fotos stehen hatte. Statt dessen stand dort eine Flasche Erdöl und eine Karte mit der Aufschrift: «Die Gabe Allahs». Das ist eine gute Mahnung für uns alle. Selbst das Erdöl gehört nicht irgendeinem Land oder irgendeiner multinationalen Gesellschaft, sondern dem einen *Selbst*, das in uns allen und in unseren Kindern lebt. Es ist uns nur zu treuen Händen übergeben, um es weise und mit einem geschärften Bewußtsein für die Erfordernisse der Zukunft zu verwenden.

Ich konnte kaum darüber hinwegkommen, als ich las, daß wir auf dem besten Weg sind, die fossilen Brennstoffe der Erde – Kohle, Öl und Erdgas –, deren Entstehung Abermillionen von Jahren erfordert hatte, zu erschöpfen. Und wir haben dies in nur hundert Jahren geschafft, wobei wir gleichzeitig die Luft verschmutzten und das chemische Gleichgewicht der Atmosphäre zerstörten. Die Ölmagnaten und jeden Autofahrer, der vergessen hat, an die Zukunft zu denken, möchte ich daran erinnern: «Was ist mit Ihren Kindern, Ihren Kindeskindern und deren Kindeskindern – glauben Sie nicht, daß sie alle es zu schätzen wüßten, frische Luft zu atmen?»

Ich sage ja nicht, daß Sie niemals allein fahren sollen, aber jeder, der sich nicht um eine Fahrgemeinschaft bemüht, um das Alleinfahren zu reduzieren, ignoriert die Bedingungen der Treuhandschaft. Dies bringt das Menschsein mit sich. Obgleich ich mich freue, daß die Behörden Fahrgemeinschaften fördern, finde ich es peinlich, wenn ich mit drei Leuten im Wagen die Golden-Gate-Brücke überquere und der Mann sagt, wir bräuchten nicht dafür zu bezahlen. Mir ist fast danach zu sagen: «Ich danke Ihnen, aber Sie müssen mich nicht bestechen. Ich tue das für mein eigenes Wohl und für das Wohl aller.»

Geschwindigkeit

Einmal hörte ich von einem Begräbnis für das Automobil, das, passend genug, in Berkeley, Kalifornien, veranstaltet werden sollte. Obwohl ich den Humor zu schätzen wußte, nahm ich nicht teil, weil mein Weg ein anderer ist. Ich bin keineswegs gegen einen vernünftigen Gebrauch des Automobils. Aber wenn es das Leben junger Menschen bedroht, kann ich mich damit nicht geduldig abfinden.

In den vergangenen Jahren hat sich die Geschwindigkeit des Lebens – fast ohne daß wir es gemerkt haben – so heimtückisch vergrößert, daß es uns nicht alarmiert, wenn nahezu fünfzigtausend Menschen, von denen viele Jugendliche sind, jedes Jahr auf amerikanischen Straßen den Tod finden. Eine weitere Million Menschen zieht sich schwere Verletzungen zu, unter ihnen manche, die ein Leben lang gelähmt bleiben. Das ist der Preis, den wir für die Geschwindigkeit zahlen, und wir sollten uns nicht damit abfinden. Wir müssen uns fragen: Was ist der Nutzen all dieser Geschwindigkeit? Was gewinnen wir dadurch?

Wenn Sie die Geschwindigkeitsbegrenzung von fünfundfünfzig Meilen pro Stunde überschreiten, spielen Sie russisches Roulette mit Ihrem Leben und dem Klima der Erde. Darum unterstütze ich eine vernünftige Geschwindigkeitsbegrenzung, die Leben rettet, Benzin spart und die Atmosphäre schont.

Indem wir die Geschwindigkeitsbeschränkung einhalten, beweisen wir wahre Liebe zu unseren Kindern. Und wir können unseren Gesetzgebern und den Massenmedien schreiben: «Nein, wir wollen die Geschwindigkeit nicht erhöhen. Viel zu viele junge Leute verlieren jedes Jahr auf den Autobahnen ihr Leben.» Dies ist das Merkmal der Liebe. Wenn Ihr Herz voll von Liebe für junge Menschen ist, wird es Ihnen leicht fallen zu sagen: «Es macht uns nichts aus, wenn wir San Francisco fünf Minuten später erreichen.»

Die Zwei-Drittel-Welt

Während Sie diese segensreichen Veränderungen in Ihrem Leben durchführen, ist es wichtig, sich stets ins Gedächtnis zu rufen, daß Sie damit nicht nur Ihre eigene Lebensqualität und die Ihrer Familie verbessern, sondern durch die Macht des Beispiels auch Ihrem Land und sogar der ganzen Welt einen wertvollen Dienst erweisen.

Nur wenn Sie Länder der dritten Welt bereisen und dort lange Zeit leben, können Sie den enormen Einfluß ermessen, den der reiche Westen auf diese ausübt – im besonderen die USA. Selbst diejenigen, die solche Länder kurz besucht haben, können sich nicht vorstellen, wie viele Menschen in der dritten Welt die Amerikaner bewundern und als Vorbilder betrachten, ob sie sie nun persönlich treffen oder sie nur vom Fernsehen her kennen.

Aus diesem Grund haben wir eine große Verantwortung, diese Länder durch unser persönliches Beispiel dazu zu ermutigen, in einer sinnvollen Weise zu leben und effiziente Industrien zu entwickeln, indem sie sich der besten und angemessensten Technik bedienen und sich gleichzeitig ihre Achtung vor der Umwelt und der traditionellen Weisheit ihrer Vorfahren bewahren. Es ist mein innigster Wunsch, daß sie mit unserer Hilfe einige der schädlichen Fehler, die wir gemacht haben, vermeiden können.

Laut der Aussage von Fachleuten, die sich über die Ressourcen der Welt geäußert haben, kann das Wohl der Entwicklungsländer nicht von unserem eigenen getrennt werden. Ein gescheiter Journalist schrieb, daß die dritte Welt eigentlich die Zwei-Drittel-Welt genannt werden muß, weil ihre Bevölkerung mindestens zwei Drittel der gesamten Männer, Frauen und Kinder auf unserem Planeten umfaßt.

Wenn diese Zwei-Drittel-Welt unserem Weg der Massenproduktion, des intensiven Konsums und der Erzeugung von riesigen Abfallbergen folgt, wird es sich nicht nur für sie, sondern auch für uns als ein Desaster herausstellen. Pro Kopf verbrauchen die Vereinigten Staaten siebzigmal mehr Papier und Pappe – großenteils für Verpackungen – als viele der Drittweltländer. Wie lange würden unsere Wälder bestehen, wenn sie unserem Beispiel folgen?

Wir brauchen die Zusammenarbeit mit der dritten Welt, um die Wälder zu schützen, die das Klima der Erde im Gleichgewicht halten. Ebenso benötigen sie unsere Hilfe, um geeignete Technologien zu entwickeln und ihren Handel so zu gestalten, daß er nicht von abfallreichen Verpackungen abhängt. Und beide brauchen wir das Verständnis, die Geduld und das Mitgefühl, einander zuzuhören, die Bedürfnisse der anderen Seite zur Kenntnis zu nehmen und zu teilen. Darin müssen gewöhnliche Menschen wie du und ich den Weg weisen.

Das göttliche Selbst

Ein wahrer Anhänger der Gita weiß nicht, was Enttäuschung ist.

Mahatma Gandhi

Man ist oft versucht, angesichts der Umweltkrise zu verzweifeln. Wir wissen, daß eine Änderung unserer Gewohnheiten unumgänglich ist und daß wir die Abgestumpftheit und das Eigeninteresse, die einen schnellen Wandel verhindern, überwinden müssen, doch die Schwierigkeiten auf diesem Weg erscheinen uns oft gigantisch.

Aber wenn Sie tiefer und tiefer in die Meditation gehen, werden Sie im Inneren eine sprudelnde Quelle von Hoffnung und Stärke finden. Ihnen wird jene Einsicht zuteil werden, von der die *Bhagavad Gita* und die Schriften aller großen Mystiker sprechen, und Sie werden jene Entdeckung machen, aus der sich auch die außerordentlichen Leistungen Gandhis speisten: Welche Selbstsucht auch unseren Geist bestimmt, welche Unfreundlichkeit oder Gefühllosigkeit gegen andere Geschöpfe es auch in unserem Leben geben mag – es ist alles nur eine Verkleidung. Es ist nur eine dicke Schicht von Konditionierungen, die unsere wahre Güte und Freundlichkeit verbirgt, denn diese sind die Natur des göttlichen *Selbst*, das in jedem Menschen wohnt.

Wenn Sie sich nur einmal am Tag daran erinnern, daß es im Kern Ihres Bewußtseins eine Quelle von vollkommener Freundlichkeit und unabänderlicher Liebe gibt, wird das eine große Hilfe für Sie bedeuten. Wenn Sie lernen, diese Quelle in sich selbst zu finden, werden Sie gleichzeitig lernen, sie in allen anderen Menschen wahrzunehmen. Dadurch helfen Sie ihnen, sie ebenfalls in ihrem Inneren zu entdecken.

Aus dem Acht-Punkte-Programm

Die Mystiker lesen

Wir werden heutzutage so sehr vom Angebot der Massenmedien überschwemmt, daß es hilfreich ist, jeden Tag vielleicht eine halbe Stunde darauf zu verwenden, die heiligen Schriften und die Texte der Mystiker aller Religionen zu lesen.

Ihre Erfahrungen und ermutigenden Worte können uns die Unterstützung und Begleitung geben, die wir brauchen, um unsere Bemühungen um eine neue Lebensweise fortzusetzen. Die beste Zeit für spirituelle Lektüre ist kurz vor dem Schlafengehen nach der Abendmeditation, weil die Gedanken, mit denen Sie einschlafen, Sie die ganze Nacht begleiten werden.

Sanftmut

Selig sind die Sanftmütigen; denn sie werden das Erdreich besitzen.

Jesus, Bergpredigt

Für mich bedeutet das Wort «demütig» in diesem Zusammenhang «sanft». Sanftmut ist eine Eigenschaft, die in unserer modernen Welt vor allem durch ihre Abwesenheit auffällt. Um wahrhaft sanftmütig zu sein, müssen Sie sich sicher fühlen, und um sich sicher zu fühlen, müssen Sie innerlich sehr stark sein.

Wenn eine große Gestalt wie Jesus von Sanftmut spricht, meint er die Sanftmut, die sich auf den Felsen der Stärke gründet. Menschen, die leicht zornig werden, Sie bedrohen und Klatsch über Sie verbreiten, verfügen über keine innerliche Stärke. Wird Jesus nicht «sanfter Jesus, demütig und mild» genannt? Er kann es sich leisten, voller Demut und Milde zu sein, weil seine Stärke gänzlich von innen heraus kommt.

Dies sollten wir unbedingt unsere Kinder lehren, weil die Medien ihnen größtenteils nur Vorbilder von Gewalt und Zorn gegeben haben, von Menschen, die drohen oder eingeschüchtert werden. Solche Menschen sind, um T. S. Eliot zu zitieren, alle «mit Stroh ausgestopft». Im Inneren haben sie nichts. Wenn Ihr spirituelles Bewußtsein zunimmt, werden Sie entdecken, daß Sie ein sehr sanftes Mitgefühl für alle Geschöpfe empfinden, weil Ihre innere Stärke gewachsen ist. Mehr und mehr werden Sie feststellen, daß Sie allen in Ihrer Umgebung Schutz bieten.

Ein heilsamer Profit

Ich unterscheide mich dadurch von manchen anderen Umweltschützern, daß ich nicht den Wunsch habe, große Konzerne zu schädigen oder zu bestrafen. Im Gegenteil, ich respektiere sie, aber ich würde sie gerne von einem Großteil ihres Profitstrebens befreit sehen. Nicht von allem natürlich, denn ein gesundes Profitstreben ist keine schlechte Motivation, aber wenn der Profit zum einzigen Maßstab des Erfolges wird, läuft ein Unternehmen Gefahr, nicht nur seinen Kunden und der Umwelt, sondern auch dem geistigen Wohlbefinden seiner Arbeiter und Besitzer zu schaden.

Nehmen wir zum Beispiel manche Unternehmen der chemischen Industrie. Obgleich heute bewiesen ist, daß Fluorchlorkohlenwasserstoffe die Ozonschicht der Erde in der Stratosphäre zerstören, werden sie und andere ozonzerstörende Chemikalien von mehreren Firmen produziert. Es bestehen kaum Zweifel an der Tatsache, daß jedes Pfund solcher Chemikalien, das wir produzieren, zur Entstehung von Hautkrebs beitragen und das Ökosystem schädigen wird, dennoch wird mit der Produktion der Schadstoffe fortgefahren, solange sie nicht verboten werden.

Das ist die Konsequenz eines Handelns, das von

der Profitgier bestimmt wird, und das meinte Jesus, als er sagte, daß man nicht Gott und den Mammon gleichzeitig lieben kann. Sie können nicht den Profit zu Ihrem höchsten Ziel machen und dennoch sagen, daß Sie die Menschen lieben. Der Buddha würde sagen, daß jeder, der sich an der Herstellung oder am Verkauf von ozonzerstörenden Chemikalien beteiligt, ebenfalls Verantwortung für die Krankheiten und den Schaden trägt, die sie verursachen. Dasselbe gilt für zerstörerische Produkte wie Handfeuerwaffen, Zigaretten oder Waffen zur Massenvernichtung.

Ich glaube, daß Wirtschaftsunternehmen – große ebenso wie kleine – eine wichtige Rolle für die Gesundheit und das Wohlbefinden unserer Welt spielen müssen. Wir brauchen ihre enorme Kompetenz, was Organisation und Management anbelangt, um die Umwelt wiederherzustellen und die Gesellschaft zu verändern.

Es gibt eine uralte spirituelle Kaufmannstradition, an die sich moderne Geschäftsleute halten können. Sie geht zurück bis zu dem reichen Kaufmann, der dem Buddha einen großartigen Park stiftete, um darin seine Schüler auszubilden. Als dieser Kaufmann – kein Asket, sondern ein reicher Mann von Welt – gefragt wurde, welche Art von Mensch aus der neuen Wald-Universität hervorgehen würde, gab er eine Antwort, die als Motto für alle Handelsschulen gelten sollte: «Immer allen Menschen ein Freund und immer für alle Menschen im Dienst.»

Wie meine engen Freunde wissen, bin ich kein Mann des «entweder oder». Lassen Sie uns einen vorteilhaften Profit erzielen, aber lassen Sie uns auch daran denken, daß der wirkliche Grund, warum wir alle ins Leben getreten sind, der ist, zu geben, zu geben und nochmals zu geben – nicht nur, bis es weh tut, sondern gerade auch, *wenn* es weh tut.

Unsere Kinder müssen dies durch das Vorbild ihrer Eltern und Großeltern von frühester Kindheit an lernen. Schüler müssen es von ihren Lehrern lernen, und zwar nicht nur durch Worte, sondern auch durch ihr persönliches Beispiel. Wir sind so dazu erzogen worden, die Hand aufzuhalten, zu nehmen und zuzupacken, daß wir nicht merken, wie heilsam es ist zu geben. Auf physischer, emotionaler, intellektueller und spiritueller Ebene können wir unsere tiefste und dauerhafteste Befriedigung darin finden, unsere Zeit, unsere Fähigkeiten, unser Talent und unsere sonstigen Mittel für Zwecke einzusetzen, die dem Wohl aller dienen.

Wie der heilige Franziskus sagen (und dabei Bestätigung durch die moderne Herzforschung finden) würde: Es ist das Geben, wodurch wir Gesundheit, Glück, Sicherheit und Stärke empfangen. Je mehr wir geben, desto mehr haben wir. Das ist es, wodurch ein heilsamer Profit erreicht wird. Tatsächlich habe ich unseren Handelsschulen einen Vorschlag anzubieten. Lassen Sie uns die Studenten bitten, zwei Diplome zu erwerben – nicht nur ein «Diplom der Betriebswirtschaft», sondern auch ein «Diplom der Hilfsbereitschaft».

Jedes Kind wird Ihr Kind sein

Die Chinesen bezeichnen das Universum mit dem bildhaften Namen «die zehntausend Dinge», was für unendliche Vielfalt steht. Für mich ist das Wunder nicht so sehr die große Vielfalt verschiedener Lebensformen, sondern die Erkenntnis, daß das Ganze nicht vollständig wäre ohne den Geringsten von uns. Ein solches Bewußtsein können wir durch die hingebungsvolle Praxis der Meditation und der anderen Übungen entwickeln, die ich in diesem Buch beschrieben habe. Bei der Beobachtung der internationalen Politik wird uns bewußt, daß die Welt selbst ohne kleine Länder wie die Malediven oder Moldawien nicht vollständig ist; wenn ihre Interessen außer acht gelassen werden, wird die Welt so viel ärmer sein. Aus diesem Grund möchte ich behaupten, daß die Idee einer nationalen Planung nicht ausreicht. All unser Planen sollte weltweites Planen sein – das gilt für die Politik, die Wirtschaft und die Erziehung ebenso wie für die Gesundheit.

Im besonderen gilt dies aber für die Umwelt. Wenn Sie tief in die Meditation gehen, werden Sie zu der Einsicht gelangen, daß die Welt ohne jedes einzelne Geschöpf, selbst das kleinste und scheinbar unbedeutendste, nicht vollständig ist. Sie können durch Ihre eigene Erfahrung bestätigen, was die Wissenschaft allmählich entdeckt: daß alle Lebensformen auf vielfältige unsichtbare Weise miteinander verknüpft sind. Indem Sie sich immer mehr des *Selbst* bewußt werden, begreifen Sie, daß Sie immer und überall in enger Beziehung zu allen Menschen, Kindern, Tieren, Bäumen, Flüssen und Bergen auf diesen Planeten stehen. Jedes Kind wird dann Ihr Kind sein; und jeder Wald wird Ihr Wald sein.

Mutter Erde

Die menschliche Gattung ist eine Familie. Alle Menschen sind Brüder. Jeder Krieg ist ein Bürgerkrieg.

Adlai Stevenson

In der hinduistischen Mystik betrachtet man die Erde als eine geduldige Frau. Sie muß alle unsere Missetaten ertragen. Wir sind alle ihre Kinder. Vielleicht gibt es für eine Mutter keinen größeren Kummer, als wenn sie ihre Kinder miteinander im Streit sieht. Wenn in meinem Dorf zwei Brüder oder zwei Schwestern miteinander streiten, wird ihr Konflikt als eine Sache des Dorfes angesehen, da Geschwister sich niemals überwerfen sollten. Es ist keine häusliche Angelegenheit mehr, sondern ein Fall für die Dorfgemeinschaft.

Im Sanskrit ist das Wort für Geschwister *sahodara*, was sich herleitet von *saha* – «zusammen» – und *udara* – «Mutterleib»: Ihr Ursprung ist derselbe Mutterleib, weshalb sie einander immer helfen sollten. Ebenso stammen wir alle aus demselben Schoß von Mutter Erde. Wir sind alle Brüder und Schwestern.

Wie eine menschliche Mutter darunter leidet, wenn sie ihre Kinder gegeneinander kämpfen sieht, leidet auch Mutter Erde, wenn sie Nation gegen Nation, Mensch gegen Mensch kämpfen sieht. Durch die eifrige Praxis der Meditation und der zu ihr gehörigen Übungen kann jeder von uns ein Werkzeug des Friedens und der Harmonie werden und all seine Fähigkeiten einsetzen, um zu verhindern, daß sich Nation gegen Nation, Mensch gegen Mensch, Bruder gegen Bruder erhebt.

Frieden wird nicht von Regierungen und Soldaten geschaffen. Frieden entsteht in der Begegnung kleiner Leute wie Ihnen und mir mit anderen Menschen, anderen Ländern und anderen Rassen. Laden Sie Fremde in Ihr Haus ein, stellen Sie ihnen Fragen über ihr Land, und Sie werden dasselbe feststellen, was ich entdeckte, als ich vor mehr als dreißig Jahren in die USA kam.

Als ich zurück nach Indien ging und meine Verwandten und Freunde mich fragten: «Wie fandest du die Menschen dort?», antwortete ich: «Ganz so, wie ich die Menschen hier finde.»

«Wirklich?»

«Ja. Sie haben es gern, wenn jedermann freundlich zu ihnen ist; sie lieben es, wenn jedermann ihnen Güte erweist; sie freuen sich, wenn Frieden unter den Menschen herrscht; und sie schätzen liebevolle Beziehungen.»

Das ist es, wonach die Menschen in jedem Land suchen. In meiner ersten Zeit in den Vereinigten Staaten pflegten amerikanische Freunde mir die gleiche Frage zu stellen: «Wie gefällt es dir hier?» Ich antwortete: «Genauso, wie es mir dort gefällt.

Ihr und ich haben neunundneunzig Prozent gemeinsam und ein einziges wunderbares Prozent nicht gemeinsam.»

Alles, was unsere gegenwärtige Welt quält – die Kriege und die gegenseitige Ausbeutung, die Unfähigkeit, sich zu verständigen, und der Wettkampf um die Ressourcen –, hat seine Ursache in diesem einen Prozent Unterschied. Jeder von uns kann die Welt jeden Tag durch Worte und Taten an all das erinnern, was wir gemeinsam haben.

Setzen Sie auf Freundlichkeit

Alle Menschen sollten sich auf das Risiko und die Chance von ahimsa einlassen, weil die Politik der Gewalt sich nicht nur als bankrott erwiesen hat, sondern auch die Menschheit mit der Auslöschung bedroht.

Thomas Merton

Ich habe sagen hören, daß wir alle eine leichte Neigung zum Glücksspiel haben oder uns doch wenigstens gelegentlich gern einen Nervenkitzel genehmigen. Es gefällt mir, wenn Merten praktisch sagt: «Heh! Warum wetten Sie nicht einmal auf etwas, das sich wirklich lohnt?» Versuchen Sie, freundlich zu denjenigen zu sein, die grob zu Ihnen sind, und betrachten Sie es als ein Spiel. Es wird Ihren Spieltrieb befriedigen, und Sie brauchen kein Geld für Lotto zu verschwenden.

Als ich mich einmal mit dem Wagen auf dem Weg nach Berkeley befand, las ich eine große elektronische Anzeige, die bei der Rennbahn in der Nähe der Autobahn angebracht war. «Gewinnen Sie nächsten Samstag 10 000 Dollar», versprach sie. Die Sonne schien mir in die Augen und ich konnte die nächste Zeile nicht ganz lesen, die TAG DES VERLIERENS (LOSING DAY) zu lauten schien. Erst auf der Rückfahrt las ich sie korrekt: LETZTER TAG (CLOSING DAY). Aber der erste Eindruck war richtig. Auf eine Person, die 10 000 Dollar gewinnt, kommen neunhundertneunundneunzig, die traurig und – wie man hoffen möchte – klüger als vorher nach Hause gehen.

Ähnlich fragen wir uns oft voller Unsicherheit, wie der andere Mensch wohl auf unsere Geduld und Freundlichkeit reagieren wird. Ich gebe gerne zu, daß man Sie vielleicht für eine Weile links liegen lassen wird. Vielleicht wird man sogar obendrein beleidigend und verletzend. Verdoppeln Sie Ihren Einsatz. Ist das nicht das Prinzip der Spieler? Sie verdoppeln Ihren Einsatz so lange, bis Sie eines Tages all Ihre Verluste zurückgewinnen.

In der *Gita* sagt Sri Krishna, daß es selbst den Spieler, der die Bank zu sprengen versucht, nicht wirklich nach Millionen von Dollars verlangt. Eigentlich möchte er in die Bank, die in seinem Inneren verborgen ist, einbrechen und schwerbeladen zurückkommen – beladen mit der Freiheit von Depressionen, Groll, Feindseligkeit und von der albernen Gier der Sinne. Der Jackpot, dem jeder Mensch nachjagt, sind wertvolle menschliche Beziehungen und ein Schatz an Fähigkeiten, um zum Wohl der Welt beizutragen.

Frieden stiften

Im Jahr 1959 kam ich im Rahmen eines Fulbright-Stipendiums auf einem Ozeandampfer zum ersten Mal in die Vereinigten Staaten. An Bord befanden sich mehrere andere Fulbright-Gelehrte, darunter einige aus Ländern, deren Beziehungen zu Indien sehr gespannt waren. Bei Tisch pflegten sie ihre Frustrationen über die internationale Politik an mir auszulassen, als wäre ich der Premierminister von Indien. Ich beteuerte meine Unschuld: «Ich bin nur ein armer Professor. Was habe ich mit der großen Politik zu tun?» Aber meine Proteste bewirkten wenig, um die Unfreundlichkeit zu beseitigen.

Eine Reihe meiner indischen Kollegen verließen den Tisch, um sich so weit wie möglich wegzusetzen. Bevor ich mich der Meditation zugewandt hatte, hätte ich dasselbe getan, aber jetzt fühlte ich mich sicher. Nicht, daß ich die Bemerkungen nicht verstand, ich verstand sie nur allzu gut, und ich fand es traurig, daß Nachbarländer sich zu solcher Feindseligkeit hinreißen ließen. Doch es störte mich nicht wirklich, außer um ihretwillen. Ich antwortete also einfach nicht, aber ich beschloß, den Tisch nicht zu verlassen und reagierte auch nicht verletzt oder wütend.

Das überraschende Ende kam, als ich in Marseille ausstieg. Dieselben feindseligen Gelehrten kamen mich besuchen, bevor sie mit dem Schiff weiter nach Gibraltar reisten und gaben sogar ein Abschiedsfest für mich. Ich war erstaunt und ein wenig beschämt, als sie sagten: «Bitte verzeihen Sie uns, was immer wir gesagt haben.»

Das ist die natürliche menschliche Reaktion auf Geduld und Achtung. Sie zeigt Ihnen die Macht der Meditation. Menschen, die in der Meditation geübt sind, stecken nicht den Kopf in den Sand und erklären: «Jedermann ist gut; jedermann ist liebevoll.» Sie wissen, daß die Welt ein Ort voller Probleme ist, aber sie verfügen über genügend Sicherheit, Ausdauer und Liebe, um sich daran zu erinnern, daß alle diese Schwierigkeiten nur oberflächlich sind und das Leben in seiner Tiefe nicht berühren. Unter dem Zorn und dem Aufruhr fließt der Strom der Liebe.

Inmitten der Streitigkeiten freundlich und inmitten der Widerstände sicher zu sein – das ist der Test, den Sie bestehen müssen, um Ihre Weisheit unter Beweis zu stellen. Das kann auch für Nationen gelten. Einstein sagte mit unvergleichlichem Understatement: «Wir wissen einige Dinge, die die Politiker nicht wissen.» Ich liebe diese Aussage sehr. Wenn unser Herz die Führung übernimmt, folgen die Politiker nach. Wenn es auf die Führung verzichtet, führen sie uns in die Irre.

Ein geeintes Haus

Sicherlich gibt es kein tragischeres Schauspiel als jenes, das Abraham Lincoln als «ein in sich selbst entzweites Haus» beschrieben hat – den Bürgerkrieg. Während ich dieses Buch schreibe, erfahren Dutzende von Ländern dadurch eine erbarmungslose Spaltung in zwei Lager, wobei Männern, Frauen und Kindern unsägliche Grausamkeiten angetan werden. Andere Länder leiden unter ethnischen Spannungen, die sich zu Gewalttätigkeiten zwischen Nachbar und Nachbar, Familie und Familie entzünden. Selbst die «Erstwelt»-Länder Amerikas und Europas sind nicht immun dagegen. In unserer hochgerüsteten, hochtechnisierten Welt bilden solche Konflikte nicht nur eine Bedrohung für unsere Gesellschaft, sondern auch für die Erde und die zukünftigen Generationen.

So entmutigend Nachrichten von Kriegen auch sein können – wir sollten uns immer daran erinnern, daß es sich nicht um Zusammenstöße zwischen Armeen, sondern zwischen Menschen handelt, und daß der wirkungsvollste Weg, Menschen zu ändern, nicht in Gewalt, Strafe oder Sanktionen besteht, sondern im geduldigen persönlichen Beispiel. Jeder von uns muß bei dieser großen Aufgabe seine ihm zugedachte Rolle spielen, direkt in unserem eigenen Zuhause und unserer eigenen Gemeinde. Es erfordert weder rhetorisches noch politisches Geschick. Es erfordert Ideale und den Wunsch, sie im Leben zu verwirklichen. Ein Beispiel aus meinem eigenen Leben mag das verdeutlichen.

In den frühen Tagen meiner akademischen Laufbahn litt Indien unter der Qual des Bürgerkrieges zwischen Moslems und Hindus. Am Vorabend der Trennung von Pakistan und Indien erhielt ich eine Stelle in einem College in Zentralindien unweit der Universität von Nagpur, wo ich studiert hatte.

Als ich auf dem Campus eintraf, ging ich in das Büro und unterschrieb meinen Vertrag. Ich kannte niemanden dort, ebensowenig wie ich die Sprache beherrschte, und fragte mich, wo in aller Welt ich wohnen sollte. Ich ging hinaus zu einem Pferdewagen, der mit meinem Gepäck wartete. Ich plante, in die Stadt zurückzukehren und mir ein Hotelzimmer zu suchen.

Als ich in den Wagen stieg, war ich überrascht, einen meiner liebsten Moslem-Freunde aus dem College auf mich zulaufen zu sehen. Naimuddin und ich hatten zusammen studiert und im gleichen Schlafsaal gewohnt. Er war ein gütiger und bescheidener Mann und ein weit besserer Gelehrter als ich; er beherrschte Urdu, Persisch, Arabisch und Türkisch gleichermaßen, aber wenn ich seine sprachlichen und wissenschaftlichen Fähigkeiten lobte, sagte er einfach: «Ich plündere nur die Gräber von Toten. Du hast den lebendigen Kontakt. Verliere ihn nie!»

Er sprang also in meinen Pferdewagen und wies den Kutscher an, zu seiner Wohnung zu fahren. Ich war verblüfft. «Du kommst mit mir», sagte er, «und du wirst bei mir bleiben.» Das war alles.

Wir trafen in seinem Wohnhaus ein, einem hochherrschaftlichen mittelalterlichen Gebäude, das ihm ein *Nawab*, ein muslimischer Aristokrat, überlassen hatte, bevor er zu einer Pilgerfahrt nach Mekka aufgebrochen war. Ich nahm seine großzügige Einladung an und blieb.

Aber damals waren schwierige, gefährliche Zeiten für Hindus und Muslems. In manchen Städten war schreckliche Gewalt ausgebrochen, und auf unserem Campus hatte der Geist der Einheit einen solchen Rückschlag erfahren, daß Hindus und Moslems im Hörsaal streng voneinander getrennt zu sitzen pflegten. Selbst der Lehrkörper begann sich zu polarisieren.

Ich sollte hier erwähnen, daß Naimuddin und ich nicht besonders mutig waren. Tatsächlich war er sogar noch weniger mutig als ich, was einiges heißen will. Aber wir hatten unsere Ideale und waren bereit, zu ihnen zu stehen. Also fragten wir uns: «Warum sollten wir nicht zusammenbleiben?» Es war Sommer, und wir beschlossen, im Freien zu schlafen, so daß jeder, der uns angreifen wollte, die Möglichkeit dazu gehabt hätte. Viele meiner Freunde warnten uns: «Ihr werdet beide zu Schaden kommen. Idealistisch zu sein ist eine Sache, realistisch zu sein eine andere.» Ich war damals anderer Meinung und bin es noch heute. Die Erfahrung bestätigte unseren Glauben an die menschliche Natur. Niemand machte uns Schwierigkeiten.

Ermutigt unternahmen Naimuddin und ich ein Experiment. Während wir abends mit einigen anderen jüngeren Mitgliedern des Lehrkörpers zusammensaßen, trug Naimuddin das *Rubayat* von *Omar Khayyam* in der schönen persischen Originalfassung vor. Ich rezitierte die exzellente englische Übersetzung von FitzGerald. Diese großartigen Verse sind für jeden Menschen, der Poesie liebt, unwiderstehlich, und es gab in meinen Kursen viele Liebhaber der Poesie, sowohl Hindus als auch Moslems.

Wach auf! Der Morgen, ins Gefäß der Nacht
Warf er den Stein, der fliehen läßt die Sterne:
Und Lo, des Ostens Jäger, fing mit einer Schlinge
Aus Licht des Sultans Türmchen ein.

Es war nur eine Frage der Zeit, bis sich die Neuigkeit herumsprach. Die Studenten begannen einer nach dem anderen, vorbeizuschlendern und in der Tür zu stehen, bis sie schließlich eintraten und sich zu uns setzten. Am Ende versammelte sich jeden Samstag eine große Gruppe von Hindus und Moslems bei uns, die friedlich Seite an Seite saßen und zusammen den Versen lauschten.

Selbst wenn ungeheure Spannungen zu spüren waren, blieben Naimuddin und ich während unseres Aufenthaltes an diesem College beharrlich und gaben nicht auf. Wir teilten das Haus miteinander, gingen gemeinsam zum Campus, rezitierten zusammen Gedichte und führten Theaterstücke auf. Und die Atmosphäre auf dem ganzen Campus änderte sich, nur weil zwei Leute ihre Ideale verwirklichten – allen widrigen Umständen zum Trotz.

Letzte Woche las ich über eine schreckliche Flut, die in Kaschmir sowohl auf der indischen als auch auf der pakistanischen Seite Tausende von Menschen fortschwemmte. Ich war tief berührt, als ich las, wie indische und pakistanische Soldaten, die normalerweise in fortwährendem Streit miteinander liegen, alte Differenzen vergaßen und zusammenarbeiteten, um Leben zu retten und Vieh zu bergen. Bei solchen Ereignissen erblicken wir den edelsten Teil der menschlichen Natur, unsere wahre Persönlichkeit. Alles übrige – die Kämpfe, die Vergeltung und die Rache – sind nichts als eine Verhüllung, eine Rauchwolke, die das wahre *Selbst* verdunkelt.

Ich bete dafür, daß durch solche Zusammenarbeit scheinbar unbedeutende Menschen wie Sie und ich in der Lage sein werden, die Feuer des Hasses zu dämpfen und schließlich ganz zu löschen, die heute in so vielen Ländern und Städten wüten – im früheren Jugoslawien und in den armen Ländern Afrikas ebenso wie in den Hauptstädten Europas und in den Innenstädten der Vereinigten Staaten. Selbst heutzutage erfordert es keine mächtige

Gruppe, um in irgendeinem Land die menschlichen Beziehungen zu ändern. Es verlangt auch keine Aktivitäten der Regierung. Es erfordert einfach Hingabe, Entschlossenheit und den Glauben an die nie versiegende Güte, die in unseren Herzen verborgen ist.

Es erfordert Sie.

Nachwort

In diesem Buch ist ziemlich oft die Rede von Idealen. Für mich sind Ideale keine vagen, abstrakten Prinzipien, sondern lebendige Kräfte, so real wie die Schwerkraft oder der Elektromagnetismus. Menschen, die den Mut und die Entschlossenheit haben, ihre Ideale zu leben, setzen eine enorme wohltätige Energie in ihrem Leben frei, und diese Energie wird beginnen, die Welt, in der sie leben, zu verändern. Mahatma Gandhi nannte das «praktischen Idealismus», was bedeutet, daß er in allen Lebensbereichen praktiziert werden kann. Er erfordert weniger große Heldentaten als eine andauernde, beharrliche Anstrengung, Böswilligkeit in Güte und Eigeninteresse in Mitgefühl zu verwandeln.

Denjenigen, die diesen Pfad des praktischen Idealismus erkunden wollen, möchte ich einige Empfehlungen mit auf den Weg geben.

Das Acht-Punkte-Programm der Meditation und der dazugehörigen Übungen, das ich in diesem Buch vorgestellt habe, ist das mächtigste Werkzeug, das ich kenne, um Harmonie in Ihrem Leben zu schaffen und Ihnen den Zugang zur kraftvollen Quelle der Kreativität und des Mitgefühls zu ermöglichen.

Wenn Sie den Weg gehen möchten, rekapitulieren Sie die acht Punkt und beginnen Sie unverzüglich, sie zu praktizieren:

Meditation, Seite 28
Rezitieren des Mantrams, Seite 50
Langsam leben, Seite 61
Konzentrierte Aufmerksamkeit, Seite 116
Die Sinne trainieren, Seite 111
Andere an die erste Stelle setzen, Seite 86
Spirituelle Gemeinschaft, Seite 102
Die Mystiker lesen, Seite 184

Die Empfehlungen, die in diesem Buch gegeben werden, sind größtenteils recht einfach. Doch es ist oft nicht leicht, die Veränderungen im Leben umzusetzen, die sie erfordern. Hier können Ihnen Meditation und die anderen spirituellen Übungen – insbesondere die spirituelle Gemeinschaft – die dringend benötigte Unterstützung geben. Es gibt ein Netzwerk von Menschen, die diesem Acht-Punkte-Programm folgen, sich regelmäßig treffen und eine spirituelle Gemeinschaft bilden. Das Blue Mountain Center of Meditation (Box 256, Tomales, California 94971) kann Ihnen weitere Informationen geben.

Die Umweltkrise konfrontiert uns nicht nur mit Problemen, sondern bietet auch eine Chance, um die Grundlagen der Gesellschaft umzuwandeln. In meinem Buch *Der Ruf des Universums* habe ich versucht, die Gewohnheiten des Denkens, Fühlens und Lebens aufzuzeigen, die zur Umweltkrise beigetragen haben, und mache konkrete Vorschläge, wie wir als Individuen spirituelle Erfüllung finden können.